Erziehung leicht gemacht ▸ 67

Freizeitpartner Zwergschnauzer ▸ 77

Zwergschnauzer züchten ▸ 97

Service ▸ 111

So sind Zwergschnauzer

So sind Zwergschnauzer

▸ Vom Rattler zum Rassehund

Der Zwergschnauzer ist eine deutsche Rasse, die früher »rauhhaariger Pinscher« genannt wurde. Häufig wird vermutet, der Zwergschnauzer stamme vom englischen Black and Tan Terrier ab. Gegen diese Vermutung spricht allerdings die Beobachtung, dass Pinscher zunächst nur im Süden Deutschlands gehalten wurden. Bei einer englischen Abstammung dagegen hätte eine allmähliche geographische Ausbreitung der Rasse von Norden nach Süden stattfinden müssen. Außerdem sind die württembergischen Pinscherzüchter weit länger bekannt als die englischen Black and Tan-Züchter.

Die Entwicklung der Zwergschnauzer begann schon vor 1800. Hunde, die den heutigen Schnauzern glichen, begleiteten Fuhrleute; außerdem konnte man sie in Stallungen antreffen. Zu dieser Zeit nannte man diese Hunde »rauhen Pintsch«. Das Wort Pinscher ist vermutlich die Ableitung von dem englischen Verb »to pinch«, was »kneifen, zwicken, drücken, schnappen oder klauen« heißt. Der Name spiegelt Eigenschaften des Pinschers wider: Diese mutigen Hunde bewachten und verteidigten jeglichen Besitz. Ungeziefer wie Mäuse und Ratten waren und sind ihnen ein Greuel und sie wurden/werden gnadenlos bekämpft. Seine hervorragende Eignung als Rattenjäger brachte dem rauhhaarigen Pinscher den Beinamen »Rattler« ein.

▸ Stallhunde

Zwergschnauzer aus den Anfangstagen der Rasse waren neugierig und keck. Ihre Gewandheit als Ratten- und Mäusejäger, ihre beständige Wachsamkeit und ihr Mut (ohne unnützen Lärm zu machen oder besonders rauflustig zu sein) und ihre Anhänglichkeit an den Menschen machten sie zu beliebten Stallhunden. Durch ihre besondere Liebe zu Pferden, ihre Selbstständigkeit, ihre Unempfindlichkeit gegen widrige Wetterverhältnisse und ihre große Ausdauer auf längeren Touren eigneten sie sich ausgezeichnet als Begleiter von Fuhrleuten. Sie bewachten die Pferde, passten auf den Wagen mit seiner Ladung und den Menschen auf. Trotz dieser Dienste für den Menschen wurden die rauhhaarigen Pinscher oder Zwergschnauzer in der Regel nicht gefüttert. Manchmal schlossen sich diese rauhhaarigen Gesellen freiwillig den Fuhrleuten an – vielleicht, weil doch einmal die einen oder anderen Leckereien für sie abfielen.

▸ Rattenfängerprüfung

Die Eignung des Zwergschnauzers als Rattenfänger wurde nicht nur genutzt, sondern in speziellen Prüfungen getestet. In der Chronik des Pinscher-Schnauzer-Klubs von (1985 und 1995) wird der Ablauf einer solchen Rattenfängerprüfung geschildert:

»Der Verlauf von Rattenprüfungen ist ein sehr einfacher. Der Kampfplatz ist ein ovaler oder runder Tisch von etwa 5–9 Quadratmetern Flächeninhalt. Ein Drahtgeflecht von etwa 1 Meter Höhe umgibt denselben und gestattet dem Zuschauer, bequem alles zu übersehen. Durch eine kleine Schiebetür werden Ratten und Hunde eingelassen. Nach englischem Reglement muss jeder konkurrierende Hund so viel Ratten töten, als sein Körpergewicht in Kilogramm beträgt. Deshalb hat der Besitzer vor jeder Prüfung das Gewicht seines Hundes anzugeben, damit die nötige Anzahl Ratten für ihn in die Arena gebracht werden kann. Ist die Reihenfolge der »Kämpfer« durch das Los bestimmt, die nötige Anzahl Ratten im »Pit«, so nimmt der »Time-Keeper« die Kontrolluhr zur Hand und der Hund

Schnauzer, auch Rattler genannt, in typischer Haltung mit einer erlegten Ratte.

Eine Schnauzenlänge schneller war der Pinscher damals 1886 beim Rennen.

wird in den Kampfplatz gelassen. Wütend stürzt er sich auf die Ratten, die sich gewöhnlich an einer Stelle dicht zusammendrängen oder zu entspringen versuchen. Die Bewegungen des Hundes sind so schnell, dass sie sich kaum mit den Augen verfolgen lassen – endlich ist auch der letzte Feind getötet und nur ungern lässt sich der Hund aus der Arena entfernen. Bisweilen kommt auch ein Feigling auf den Kampfplatz, was von den alten Ratten sofort erkannt wird. Mit größter Kühnheit stürzen sie sich dann auf ihn, und man muss ihn schnell seinen Feinden entziehen, um ihn nicht das Ende nehmen zu lassen, dass er seinen Gegnern bereiten sollte....

Hat der Schnauzerl oder Rattler, wie er allgemein genannt wird, eine Ratte oder Maus aufgespürt, so beseelt ihn ein Feuereifer in der Verfolgung der ihm verhassten Nager, der ihn alles in der Umgebung vergessen macht. Stets den grauen Feind im Auge haltend, sucht er jenen zu überlisten und ihm den Pass abzuschneiden, um ihn mit gewandtem Griff zu packen. Ist die Ratte in seinem Besitz, so vernimmt man ein befriedigendes Knurren, einige kräftige Bisse und die Nagerseele hat ihr irdisches Dasein ausgehaucht und fort geht's zum neuen Jagen, bis Stall und Haus von diesem lästigen Ungeziefer in kürzester Zeit gesäubert sind.«

Dieses Verhalten beobachten wir noch heute bei unseren Zwergschnauzern. Einmal im Jahr kommt vom nahen Bach eine Wanderratte, wahrscheinlich ein Vorkoster, auf unser Grundstück. Keiner dieser Nager hat diesen Besuch bisher lange überlebt. Danach wird die Beute, bis wir sie entfernen, bewacht.

Bei den in England und Belgien üblichen Prüfungen auf Ratten würde unser Pinscher und Schnauzer gewiss allen Terriern überlegen sein, wenn sie erst Gnade vor den Augen der dortigen Liebhaber finden.

Auch heute noch werden zum Beispiel in Amerika Rattenprüfungen durchgeführt. Sie finden allerdings im Freien statt. Der Hund muss dabei Gänge aufstöbern, Spuren verfolgen und schließlich die Ratte finden.

▸ Erste Ausstellungen

Eine erste Prämierung von rauhhaarigen Pinschern fand 1876 auf einer Rassehundeausstellung in Hamburg statt. Im gleichen Jahr beschrieb Dr. Leopold Fitzinger in seinem Buch »Der Hund und seine Racen« eine Reihe von Pinscher-Varietäten.

1888 wurden rauhaarige Zwergpinscher (Zwergschnauzer) und Affenpinscher (sie haben einen Vorbiss und affenartigen Gesichtsausdruck) in einer Klasse ausgestellt.

1900 bewertete man beide Rassen in Braunschweig getrennt, was wohl dem Einfluss des 1895 von Josef Berta gegründeten Pinscher-Schnauzer-Klubs zu verdanken ist. Der Pinscherklub kämpfte um die Reinzucht der noch bunten Schar der Zwerge. Ein Zwergschnauzer sollte das verkleinerte Abbild des klassischen Schnauzers (Mittelschnauzers) sein, ohne negative Zwergwuchserscheinungen aufzuweisen. Schon damals war den Kynologen bekannt, welche Probleme bei verzwergten Hunden auftreten können. Wer sich Hunde wünscht, die ihr welpenhaftes Aussehen nicht verlieren und stets klein bleiben, bedenkt nicht, welche Schwierigkeiten diese Hunde haben können! Sie werden niemals erwachsen, ihre Gesundheit kann sehr leiden. Krankheiten, die für die Ausgangsrasse unbekannt bzw. untypisch sind, tauchen auf – unerwünschte Nebenerscheinungen, die es zu vermeiden gilt. Bei der Auswahl der Zuchtpartner sind daher knochenstarke, absolut gesunde Hunde zu bevorzugen.

▸ Die Reinzucht beginnt

Zu Beginn der Reinzucht gab es nicht nur eine Vielfalt in den Farben, sondern auch die Größe der rauhhaarigen Pinscher war nur grob beschrieben. Aus dieser Vielfalt hat man im Laufe der Zeit den Riesenschnauzer, den Schnauzer (Mittelschlag- oder Standardschnauzer) und den Zwergschnauzer herausgezüchtet.

Bereits 1882 wurden im Zwinger »Plavia« von Max Hartenstein planmäßig Schnauzer gezüchtet. Zur selben Zeit wurde unter dem Zwingernamen »Pfeff« (Schilbach) ebenfalls eine selektive Zucht der kleinen drahthaarigen Pinscher betrieben.

Den damaligen Züchtern kommen besondere Verdienste hinsichtlich der Entwicklung und Verbreitung dieser Rasse zu, die wichtigsten waren: Schilbach (Pfeff), Wach (Werneburg), Stache (Chemnitz, Plauen), Martin (Lehrte) und Frau Zitzelmann (Zitzelmännchen).

Ebenso wichtig für die Pinscherzucht wurde die Gründung des bereits erwähnten Pinscherklubs 1895 durch Josef Berta. Sein Einsatz galt der Erhaltung und der verdienten Anerkennung der Zwergschnauzer, die bis dahin wie Stiefkinder in der Rassehundefamilie behandelt wurden.

Die Rassekennzeichen für die rauhhaarige Varietät (Schnauzer) wurde am 23. Mai 1895 beschlossen. Man versuchte nun, aus dem vorhandenen Bestand die Zucht zu lenken; hierzu wurden Paarungen in einem Zuchtbuch dokumentiert.

1901 zählte der Klub immer noch 59 Mitglieder. Zur gleichen Zeit trug der Künstler Richard Strebel mit seinen Zeichnungen, insbesondere der rauhhaarigen Varietät, zum Bekanntwerden der Pinscher bei.

Die Zusammenlegung aller Pinscher- und Schnauzerrassen wurde 1918 beschlossen und die Gründung des Pinscher- und Schnauzer-Verbandes erfolgte. 1920 wurden ca. 350 Welpen eingetragen. In den Jahren unmittelbar nach dem Zweiten Weltkrieg erreichten die Zwergschnauzer ihre größte Eintragungszahl: 1.600 Zwergschnauzer pfeffersalz und 800 schwarze Zwergschnauzer wurden durchschnittlich pro Jahr gezählt.

1921 wurde der Pinscher-und Schnauzer-Verband umbenannt in Pinscher-Schnauzer-Klub 1895 e.V, wie er heute, nach über 100 Jahren, immer noch heißt. Der Pinscher-Schnauzer-

Zwergschnauzer pfeffersalz mit steinerweichendem Blick.

Klub 1895 e.V. ist Mitglied des Deutschen Dachverbandes VDH (Verband für das Deutsche Hundewesen) und des internationalen kynologischen Verbandes, der FCI (Fédération Cynologique International).

1924 wurden im ersten Zuchtbuch des PSK 13.474 Pinscher und Schnauzer verzeichnet, davon insgesamt 1.505 Zwergschnauzer in den Farben schwarz und pfeffersalz. Bald überholten die schwarzen die pfeffersalzfarbenen Zwergschnauzer: 1964 wurden 1.100 schwarze und 600 pfeffersalzfarbene Zwergschnauzer notiert.

Heute werden im Durchschnitt 1.300 Zwergschnauzer jährlich eingetragen. Davon sind die Schwarzsilbernen mit rund 39%, die Schwarzen mit 35%, die Pfeffersalzfarbigen mit 20% und die weißen Zwergschnauzer mit 6% vertreten. In den letzten Jahren steigt erfreulicherweise die Beliebtheit der weißen Zwerge.

ISPU ▶ 1977 wurde in Gütersloh die Internationale Pinscher und Schnauzer Union (ISPU) gegründet. Präsident dieses Interessenverbandes ist immer der 1. Vorsitzende des Pinscher-Schnauzer-Klubs, da das Ursprungsland der Rasse Deutschland ist.

▶ Das Äußere

Vor Beginn der Reinzucht wurden Schnauzer der unterschiedlichsten Größen miteinander verpaart. Weil damals in der Zucht noch nicht nach festgelegten Größen selektiert wurde, gab man ein Durchschnittsgewicht von 3 bis 10 kg oder sogar darüber an. Der Körperbau war elastisch, sehnig; die Rute wurde schräg aufwärts getragen. Der Kopf sollte nicht zu schwer, sondern etwas gestreckt sein, der Oberkopf nach vorn wenig geschmälert und fast gerade. Das Gebiss sollte gut schließen. Der Hals war mittellang und kräftig, im Nacken gewölbt, ohne Erweiterung der Kehlhaut. Das Fell war möglichst rauhhaarig, die Augenbrauen buschig und an der Schnauze hatte der Hund einen kurzen Schnurrbart. Dieser harsche Bart brachte dem Hund den Namen Schnauzerl ein.

Das Fell hatte eine rostgelbe oder graugelbe Farbe; der Kopf, die Füße und die Unterseite waren meist heller oder grauweißlich gefärbt. Ferner gab

Die Mitglieder der ISPU

Belgien: Belgischer Schnauzer en Pinscher Club
Dänemark: Dvaergschnauzerklubbens, Dansk Schnauzer og Pincherklubben
Deutschland: Pinscher-Schnauzer-Klub 1895 e. V.
Finnland: Finnish Schnauzer Pinscher Central Organisation
Israel: Israelischer Schnauzerclub, Israelischer Pinscherclub
Italien: Schnauzer Club Italiano
Kroatien: Kroatien Schnauzer Klub
Niederlande: Nederlandse Schnauzer Club, Duitse Pinscher Vereniging
Norwegen: Norsk Schnauzer Pinscher, Bouvier Klubb
Österreich: Erster Österreicher Schnauzer Pinscher Klub
Polen: Schnauzer and Affenpinscher Club Poland
Russland: Russian Pinscher and Schnauzer Klub
Schweden: Svenska Schnauzer Pinscher Klubb, Svensk Riesen Klub
Schweiz: Schweizerischer Club für Schnauzer und Pinscher, Schweizer Riesenschnauzer Club
Spanien: Club Espaniol del Schnauzer
Südafrika: Giant Schnauzerclub South Africa
Tschechien: Tjeschische Pinscher und Schnauzerclub
Ungarn: Hungaria Schnauzer Pinscher Klub
USA: Working Schnauzer Federation

es schwärzliche, eisengraue oder silbergraue Fellfarben – entweder einfarbig oder mit gelbbraunen oder blassgelben Abzeichen an den Augen, der Schnauze und den Läufen – die ersten schwarzsilbernen Zwergschnauzer. Auch einfarbig-flachsblonde oder trüb-grauweiße oder schwarz-weiß gefleckte Hunde waren vorhanden. Im Pinscher-Schnauzer-Zuchtbuch Band I von 1924 werden sogar gestromte, elch- und hasenfarbige Zwergschnauzer erwähnt.

Die Nase sollte immer schwarz und die Augen und Nägel sollten dunkel sein.

Der Tiermaler und Hundebuchautor Jean Bungartz notiert seit 1884 in verschiedenen Büchern, dass die Zucht der rauhhaarigen Pinscher anfangs vernachlässigt wurde: »Wenn auch den meisten Exemplaren die der Rasse eigentümliche Intelligenz und Schneidigkeit verblieb, so war die äußere Erscheinung vielfältig, da man ihm die verschiedensten Arbeiten abverlangte und er ein Hund für alles sein sollte. Da er zur Bewachung von Haus und Hof wie zum Vertilgen von Ratten und ähnlichem Ungeziefer diente, als beliebter Stallhund – er zeigte eine ausgesprochene Zuneigung zu Pferden – in Gebrauch war und das Gefährt zu begleiten hatte, wurde auch eine entsprechende Körperstärke für höchst wünschenswert und notwendig erachtet. Er durfte nicht weich und verzärtelt sein, musste vielmehr eine robuste Natur besitzen, die ihn befähigte, der Witterung zu trotzen. So wie er als Vertilger von lästigen Nagern eine schier unbegreifliche Passion entwickelte, wie er das ihm anvertraute Fuhrwerk und den zu bewachenden Stall mit aller Energie vor unbefugten fremden Personen verteidigte und sich als schneidiger, aufmerksamer Wächter bewährte, ebenso nützlich und angenehm wusste er sich im Haus zu machen. Er fühlte sich in Gesellschaft von spielenden Kindern als gleichberechtigt, indem er sich zu allerlei Possen heranziehen ließ, ohne Unwillen oder Zorn zu zeigen. So war er den Kindern seiner Leute jederzeit ein williger Spielgefährte.«

Diese Eigenheiten des Zwergschnauzers, die schon um die Jahrhundertwende auffielen, sind auch heute noch seinem Wesen eigen und machen ihn zu einem angenehmen Begleiter, auch für Kinder.

Ebenfalls am Jahrhundertbeginn schrieb Josef Berta über die Rasse: »Ich glaube, es war in Frankfurt, so um 1899, als der Name ›Zwergschnauzer‹ zum ersten Male ausstellungsoffiziell vorkam.«

Zu dieser Zeit wurden die Affenpinscher von den Zwergschnauzern getrennt gezüchtet, allerdings konnte man noch bei den Zwergschnauzern Affenpinschermerkmale (wie runde Köpfe mit Vorbiss) finden, auch gab es Affenpinscher mit Scherengebiss, wie es eigentlich für den Zwergschnauzer korrekt ist.

»Prinz v. Rheinstein«, geworfen am 12.07.1903, brachte wohl den nachhaltigsten Einfluss in jener Zeit. Josef Berta bezeichnete ihn als »das Musterbild eines Zwergschnauzers, schwarz mit gelblichen Unterseiten, von vollendet schöner Figur, geraden, gesunden Knochen, harter Behaarung«. Prinz war Epoche machend für die ganze Zucht und hat seine zwergschnauzertypischen Vorzüge hervorragend an seine Nachkommen vererbt.

Zwergschnauzersieger schwarzsilber »Dynast« vor ca. 100 Jahren

Die Farben

Heute sind Zwergschnauzer in vier verschiedenen Farbschlägen weltweit anerkannt: Schwarz, Pfeffersalz, Schwarzsilber und Weiß.

Die schwarzen und pfeffersalzfarbigen konnten schon sehr schnell aus den vorhandenen Hunden gezüchtet werden, indem man nur die gewünschten Farbschläge miteinander kreuzte.

Schwarzsilberne und Weiße bekamen erst später die nötige Anerkennung. Erwähnt wurden sie aber schon sehr früh und auch im Bild gezeigt: Im ersten Zuchtbuch von 1923 zeigt ein Foto den schwarzsilberfarbigen Zwergschnauzer-Siegerrüden »Dynast v. Annenhof« 709 aus Zwickau; in den Pinscher-Blättern, herausgegeben vom Pinscher Klub e.V. mit Sitz in Köln, findet man den weißen »Duß«, gew. 16.06.1907. Er wurde wie folgt beschrieben: »Der Kopf von einer vollendeten Durchbildung, das kleine fein empfundene Auge, der wundervolle Ausdruck, die kräftig betonte Nasenkuppe, die famose Behaarung – alles wie man es nur wünschen kann. Seine Eltern waren Morle, eine reichlich große und kräftige, weiße Hündin mit famosem Kopf und Peter v. Westerberg

Zwergschnauzer weiss »Duß«, gew. 16.06.1907

v. d. Werneburg, gew. Nov. 1902 (DHDB 862 E PZ 604), ein harmonisches Gesamtbild mit gestrecktem Kopf, dichter, straffer Behaarung und gesunden Knochen.« Auch heute noch sind diese Merkmale relevant.

WEISS ▸ 1968 übernahm der Pinscher-und-Schnauzerklub die weißen Zwergschnauzer ins Zuchtbuch: »Reinhold« und »Robert v. Grunewald« von Frau Sauer, der ersten Züchterin der weißen Zwergschnauzer, wurden ins PSK-Zuchtbuch eingetragen. Diese beiden Rüden hatten schon rein weiße Eltern. Frau Sauer erzählte mir, es sei einem Zufall zu verdanken, dass sie 1948 die Zucht von weißen Zwergschnauzern mit der weißen Hündin »Dixi« begann. »Dixi« fiel aus schwarzen Eltern und wurde mit rosa Nasenschwamm geboren. Als Frau Sauer am Tag nach der Geburt den weißen Nachwuchs unter drei schwarzen Geschwistern sah, hatte sich bei »Dixi« schon Pigment im Nasenschwamm und den Ballen eingelagert. Frau Sauer war klar, dass diese kleine weiße Hündin kein Albino sein konnte. Sie zog »Dixi« gegen den Willen des Klubs auf und hielt ihre Daten in einem Zuchtbuch fest.

Obwohl die weißen Zwergschnauzer schon seit 1968 als Versuchszucht genehmigt waren, bekamen sie erst 1983 ihre Anerkennung durch die FCI und schließlich 1992 die Möglichkeit, »Internationaler Champion« zu werden.

SCHWARZSILBER ▸ Immer wieder fielen aus pfeffersalzfarbigen Eltern schwarze Welpen mit hellen Abzeichen, die als Fehlfarbe vom Züchter an Liebhaber abgegeben wurden.

Für die USA und Kanada sind solche Welpen schon für die 30er Jahre belegt. Der Amerikanische Kennel Club erkannte diese Varietät 1938 offiziell an und nannte diesen Farbschlag »Black and Silver«.

In den 60er Jahren nahm das Interesse an dieser interessanten Farbvariante zu. Besonders Frau Frieda Steiger aus der Schweiz verhalf der schwarzsilbernen Varietät durch ihre Zuchtleistungen zur Anerkennung. 1967 importierte sie den schwarzsilbernen Zwergschnauzerrüden »Sylva Spirite Pyewacket« aus Kanada in die Schweiz und betrieb mit großer Leidenschaft und Idealismus die Zucht. Der Nachwuchs dieses Rüden wurde in einem Anhang des Schweizer Hundestammbuches registriert.

Ein wahrer Glücksgriff für die schwarzsilberne Zwergschnauzerzucht war auch ihr zweiter Import: der Rüde »Tribute's Tuxedo Junction« (genannt »Joy«) vom Züchter David Ross in Toronto.

Am 14. Mai 1976 wurde auf der Jahreshauptversammlung des Pinscher-Schnauzer-Klubs in Münster die Anerkennung der schwarzsilbernen Zwergschnauzer beschlossen und schon am 11. August 1976 wurden die ersten Zwergschnauzer schwarzsilber in Deutschland geboren. Im PSK-Zuchtbuch diesen Jahres findet man einige schwarzsilberne Zwergschnauzer: »Les Moustaches« von Jean Schuwey aus Le Mouret Zwinger, »Gina v. Ilfisstrand« von der Züchterin Trudi Horisberger aus Langnau, »Andy v. Hausberg« unseres bekannten Züchters Peter Marx aus Butzbach und »Schnauzi's King« von Frau Steiger aus der Schweiz.

Herr Gerd Lyon, damals VDH/PSK-Richterobmann, stellte 1980 anlässlich einer Tagung für Zuchtverantwortliche in Münster mehrere Generationen Zwergschnauzer schwarzsilber vor. Die Qualität und Attraktivität dieses in der Hundewelt seltenen Farbenspieles wird seither nicht mehr in Frage gestellt.

1977 wurden die schwarzsilbernen Zwergschnauzer durch die FCI anerkannt und bekamen die Anwartschaft für das Internationale Schönheits-Championat (CACIB) zugesprochen.

WEISS MIT SCHWARZEN FLECKEN ▸
Im Zwinger »v. Abbagamba« der Gräfin Kanitz in Ostpreußen fielen 1929 neben rein schwarzen auch gescheckte Zwergschnauzer, die auf weißer Grundfarbe schwarze Flecken (Platten) hatten. Interessant ist, dass nur in diesem einen Zwinger gescheckte Zwergschnauzer geboren wurden und auch später meines Wissens nie wieder in der Zwergschnauzerzucht aufgetreten sind.

Gescheckte Zwergschnauzer (Harlekin) wurden ausschließlich in der Zuchtstätte v. Abbagamba geboren.

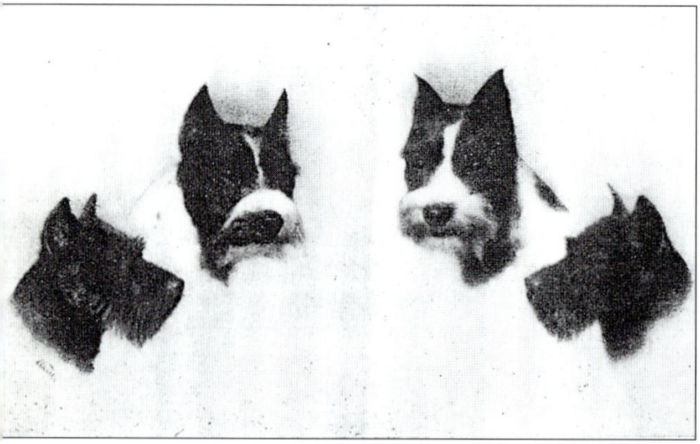

▸ Die Größe

1925 gab es heftige Debatten über die Größen. Zu den Größen Zwerg-, Mittel- und Riesenschnauzer sollte ein Kleinschnauzer hinzukommen. Josef Bertas Protest setzte sich allerdings durch, und es blieb bei den vorhandenen Größen.

Kupieren verboten

Zwergschnauzer dürfen, wie alle Hunde in Deutschland und einigen angrenzenden Ländern, sowohl an den Ohren als auch an der Rute nicht mehr kupiert werden. Die kupierten Zwergschnauzer, die in diesem Buch abgebildet werden, sind schon ältere Vertreter ihrer Rasse.

1956 wurde die Größe des Zwergschnauzers von max. 28 cm auf 30 bis 35 cm im Standard festgeschrieben. (Dem Standard im Serviceteil ab Seite 114 können Sie weitere Einzelheiten über Zwergschnauzer entnehmen.)

▸ Das Wesen

Den häufig gebrauchten Begriff »Wesen« verstehe ich im Sinne Eugen Seiferles als »die Gesamtheit aller erworbenen und angeborenen körperlichen und seelischen Anlagen, Eigenschaften und Fähigkeiten, die das Verhalten des Hundes zur Umwelt bestimmen, gestalten und regeln«. Hierbei sind die Umweltfaktoren in großem Maße bestimmend für den Charakter eines Hundes. So ist sein Wesen wie das der Menschen einer ständigen Entwicklung unterworfen. Gute wie schlechte Erfahrungen prägen sich ein und verändern das Verhalten.

Der Zwergschnauzer verfügt über ein hochentwickeltes Temperament, das sich in Reaktionsheftigkeit und -schnelligkeit auf Reize äußert. Er ist immer zum Spielen aufgelegt. Man schafft es kaum, ihn durch Toben oder Laufen müde zu bekommen. Doch er ist auch in der Wohnung, wenn sich gerade keiner um ihn kümmert, ein ruhiger Hund. Zwergschnauzer sind lebhaft, beweglich, blitzschnell, sehr treu gegenüber ihren Menschen und immer bei der Sache, allerdings ohne die nervöse Unruhe und den unbesonnenen Eifer, der anderen Rassen häufig eigen ist. Schnauzer sind klug, sie handeln ruhig, überlegt und setzen ihre Kraft sowie Aufmerksamkeit planmäßig ein.

Mit seinem Temperament verbindet sich hervorragend ein anderer Wesenszug des Zwergschnauzers: sein Mut. Selbst ohne äußeren Zwang hält er Gefahren ausdauernd Stand bzw. versucht, ihnen selbstständig entgegen zu treten.

▸ Fähigkeiten

GERUCHSSINN ▸ Die Nase des Hundes ist bekanntlich zu unglaublichen Leistungen fähig. Ein Hund verfügt über ca. 300 Millionen Riechzellen, der Mensch nur über 5 Millionen. Ein Hund ist in der Lage, die im menschlichen Schweiß vorhandenen Buttersäuremoleküle noch in einhundertmillionenfacher Verdünnung zu erriechen. Selbst wenn wir ein Deodorant benützen, kann der Hund die Buttersäuremoleküle weiterhin wahrnehmen. Hunde erkennen sogar anhand der Bewegung der Duftspuren, die wir hinterlassen, in welche Richtung wir uns bewegen oder bewegt haben.

Sowie der kleine Zwergschnauzer in die Familie geholt wird, muss er unter anderem an das Laufen an der Leine gewöhnt werden.

HÖRFÄHIGKEIT ▸ Nicht nur im Riechen, sondern auch im Hören sind Hunde dem Menschen haushoch überlegen. Der Hund meldet uns Fremde lange bevor wir sie gehört haben; er kann das Auto seines Herrn von fremden des gleichen Typs unterscheiden. Hunde sind in der Lage, Schwingungen zu erkennen, die wir nicht mehr hören. Lautlose Hundepfeifen zum Beispiel haben eine hohe Frequenz, die wir kaum wahrnehmen, ein Zwergschnauzer aber problemlos hören kann.

Noch betrachtet er etwas unsicher die neue Umgebung.

SEHVERMÖGEN ▸ Oft wird behauptet, dass ein Hund schlecht sieht. Das stimmt so nicht. Richtig ist, dass im Verhältnis zum hervorragenden Geruchssinn und Hörvermögen sein Sehvermögen und die Fähigkeit, Farben zu erkennen, weniger stark ausgeprägt sind. Im Dunklen sieht der Hund allerdings sogar besser als wir. Im Augenhintergrund befindet sich eine lichtreflektierende Schicht, wodurch die Augen eines Hundes bei Lichteinfall im Dunkeln leuchten. Hunde können Dinge, die sich hinter ihnen bewegen, noch wahrnehmen, da sie ein wesentlich größeres Gesichtsfeld haben als wir.

ÜBERSINNLICHE FÄHIGKEITEN ▸ Außer den zuvor geschilderten Wahrnehmungsfähigkeiten aufgrund besonders ausgebildeter Sinnesorgane konnten an Hunden auch solche beobachtet werden, die ich als übersinnliche Fähigkeiten bezeichnen möchte. So weiß man von Hunden, die Vorahnungen eines Todesfalles hatten, einen Unfall oder ein Erdbeben im Voraus fühlten. Uns verblüfft auch immer wieder der unglaubliche Orientierungssinn von Hunden. Man erzählt von einem Pinscher, der in einem Korb im Auto von einer Seite von Paris zur anderen mitgenommen wurde, um Bekannte zu besuchen. Dort lebte eine gerade läufige Hündin. Nachdem der Pinscher wieder mit seiner Familie zu Hause war, nutzte er die nächste Gelegenheit, zu seiner Herzdame zurückzukehren. Schon drei Stunden später begrüßte er sie. Woher wusste er den Weg?

Versuche mit Hunden, die man alleine zu Hause ließ, während man ihr Verhalten mit Hilfe von Videokameras aufzeichnete, brachten erstaunliche Ergebnisse. Ihre Herrchen wurden angewiesen, aus verschiedenen Entfernungen zu unterschiedlichen Zeiten den Heimweg anzutreten. Alle Hunde spürten den Aufbruch »ihrer« Besitzer und verhielten sich dementsprechend. Ein Hund erwachte, streckte sich ausgiebig und legte sich dann erwartungsvoll vor die Tür. Ein anderer Hund wurde, nachdem er stundenlang geruht hatte, plötzlich unruhig und wieder ein weiterer lief freudig zwischen den Betreuerpersonen und der Tür hin und her.

Auch ich spüre dieses unsichtbare Band zwischen mir und meinen Zwergschnauzern.

INSTINKTE ▸ Instinkte sind artspezifische und angeborene Fähigkeiten. Sie beruhen auf Erbkoordinationen und sind Antworten auf Reize, die im Zusammenhang mit der Nahrungsaufnahme, Verteidigung oder Fortpflanzung stehen.

Instinktives Verhalten kann man schon beim gerade geborenen Welpen erkennen, denn das Saugen und der damit verbundene »Milchtritt« sind die ersten Instinkthandlungen unserer Zwergschnauzer. Aber auch das Drehen vor dem Lösen sowie das Scharren und Drehen vor dem Hinlegen sind solche angeborenen Verhaltensweisen. Instinktiv verfolgt ein Hund sein Beutetier und schüttelt dieses dann, um es zu betäuben. Dieses Verhalten können wir schon beim jungen Zwergschnauzer beobachten: Wenn wir ihm einen Lappen geben, schleudert er diesen hin und her.

Der Jagdinstinkt ist bei allen Hunden latent vorhanden, kann aber gefördert oder abgeschwächt werden.

▸ Eigenschaften

Ihre Größe von 30 bis 35 cm macht Zwergschnauzer sowohl zu angenehmen Hunden in der Wohnung, als auch zu aufmerksamen Bewachern von Haus und Hof. Hochentwickelte Sinnesorgane, Klugheit, blitzartige Schnelligkeit, erstaunlicher Mut, zähe, sehnige Kraft, nie wankende Treue zur Familie, Ausdauer und eine große Ausbildungsfähigkeit in Verbindung mit der Widerstandsfähigkeit gegen widrige Witterungsverhältnisse sind hervorstechende Eigenschaften, die die Gesamterscheinung des Zwergschnauzers charakterisieren. Diese Eigenschaften befähigen ihn zu einigen Leistungen, die sonst nur den großen Rassen vorbehalten sind.

▸ Verwendungsmöglichkeiten

Durch seine ausgezeichneten Eigenschaften und vorteilhaften Wesenszüge – ohne die Mängel zwergenhafter Erscheinungen – lässt sich der Zwergschnauzer leicht zum Begleithund, Wachhund oder Fährtenhund ausbilden. Die Ausbildung macht Hund und Mensch viel Spaß, außerdem ist ein Hund viel zufriedener und ausgeglichener, wenn er eine sinnvolle Beschäftigung hat. Ausdauerprüfungen, bei denen der Zwergschnauzer eine Strecke von 10 km neben dem Fahrrad herläuft, sind ebenfalls ein tolles Erlebnis und leicht zu bewältigen. Denn Hunde lau-

Zwergschnauzerwelpen sind immer zum Spielen aufgelegt.

fen sehr gern neben dem Fahrrad, allerdings müssen wir sie langsam im Training aufbauen, uns mit unserem Tempo an die Gangart des Hundes anpassen und auf längeren Strecken Pausen einlegen, damit er nicht überfordert wird.

▸ Kinder

Sein großes Herz für Kinder und seine unbegrenzte Spiellust lassen den Zwergschnauzer zum besten Aufpasser und Spielgefährten für Kinder werden. Sie sehen Kinder als gleichberechtigte Partner und lassen sich gerne zu den verrücktesten Possen hinreißen, ohne Aggressionen zu zeigen. Allerdings sind die Eltern gefordert, den Kindern den nötigen Respekt vor dem Hund zu vermitteln. Schläft der Zwergschnauzer beispielsweise, sollten Kinder ihn in Ruhe lassen.

Kinder, die unter vernünftiger Anleitung mit Hunden groß werden dürfen, entwickeln sich zu rücksichtsvollen und einfühlsamen Erwachsenen.

▸ Ältere Menschen

Für ältere Menschen kann ein Zwergschnauzer eine große Bereicherung sein und Freude in den trist gewordenen Alltag bringen. Menschen, deren Gesundheit angeschlagen ist, bemerken häufig eine körperliche und seelische Besserung ihres Befindens, wenn ein vierbeiniges Familienmitglied ins Haus kommt. Zwergschnauzer sind aufgrund ihrer geringen Größe und des geringen Gewichtes gerade für ältere Menschen besonders gut geeignet. Allerdings sollten sie gut zu Fuß sein oder eine Möglichkeit haben, dem Zwergschnauzer genügend Auslauf zu verschaffen.

▸ Andere Heimtiere

Andere Haustiere werden vom Zwergschnauzer als Rudelmitglieder akzeptiert und toleriert – erstaunlicherweise auch seine »innigsten Feinde« wie Kaninchen, Vögel, Mäuse und Ratten, wenn man dem Zwergschnauzer klarmacht, dass sie zum Rudel gehören und nicht auf seinem Speiseplan stehen.

▸ Bedürfnisse

Wie jedes Lebewesen, hat auch der Zwergschnauzer außer Fressen und Saufen spezielle Bedürfnisse, die wir als verantwortlicher Partner erfüllen müssen. Ausreichend Bewegung, Beschäftigung, Pflege des Körpers und der Seele sind nur einige sehr wichtige Grundbedürfnisse des Hundes. Mit der Anschaffung haben wir uns verpflichtet, diesen Bedürfnissen einen großen Teil unserer Aufmerksamkeit und Freizeit zu widmen, damit der Hund sich wohl fühlt und bei uns glücklich ist.

Zwergschnauzer sind Hunde, die das Rudel lieben. Wenn alle Rudelangehörigen zu Hause sind, ist der Zwergschnauzer zufrieden und glücklich.

Durch aufmerksame gewissenhafte Zuchtauswahl und Aufzucht sind Zwergschnauzer wenig krankheitsanfällige kleine Gesellen, die durch ihr rauhes Haarkleid gut gegen schlechte Wetterverhältnisse geschützt sind. Regen, Schnee oder Wind machen ihnen nichts aus. Sie gehen gerne spazieren, auch größere Wanderungen machen mit solch robusten, natürlichen Hunden viel Spaß. Ob Sport mit dem Zwergschnauzer oder Pantoffeln holen – Zwergschnauzer lieben nicht nur jede Art von Beschäftigung, sondern sie brauchen eine Aufgabe zum Glücklichsein!

Ein Zwergschnauzer zieht ein

Ein Zwergschnauzer zieht ein

Der einzige Freund, den man kaufen kann, ist der Hund. Er soll Sie auf Ihren Spaziergängen oder beim Joggen begleiten, Ihren Kindern ein fröhlicher Spielgefährte sein oder mit Ihnen Hundesport treiben. Bevor Sie sich zur Anschaffung eines Zwergschnauzers entschließen, sollten Sie bitte die in der Checkliste (rechts) angesprochenen Punkte bedenken.

Wo kaufen?

Nun haben Sie sich alles überlegt und sich für einen gesunden, fröhlichen Zwergschnauzer entschieden. Züchter von Zwergschnauzern, die dem Pinscher-Schnauzer-Klub 1895 e.V. angehören, haben sich einer strengen Kontrolle ihrer Zuchtstätte unterworfen. Hunde, die in ihrer Ahnentafel das PSK- und VDH-Zeichen tragen, gewährleisten daher, dass die enthaltenen Angaben korrekt sind und strenge Wurf- und Zuchtkontrollen durchgeführt wurden.

Mit einem armen, ängstlichen, bedauernswerten Wesen, das bei einem gewissenlosen Menschen ohne Kontrolle aufgezogen und von einem Tierhändler scheinbar günstig und zu jung angeboten wurde, übernehmen Sie nicht nur eine große und schwierige Aufgabe, sondern Sie fördern auch noch diese Machenschaften.

Aufgrund der mangelnden Prägung, Sozialisierung und Gesundheitsvorsorge werden Sie mit einem Welpen vom Hundehändler längst nicht so problemlos zusammenleben, wie mit einem gesunden vierbeinigen Freund vom Züchter.

Wenn Sie die Kosten genau prüfen, so stellen Sie unter dem Strich fest, dass Sie den Hund beim Züchter zu einem fairen Preis bekommen.

TIPP

Hundehändler, die sich Züchter nennen, erkennen Sie an den vielen verschiedenen zum Kauf angebotenen Rassen, die meistens den momentanen Moderassen angehören. Oft werden diese Hunde mit »selbstgemachter« Ahnentafel angeboten.

Vorher überlegen

- [ ] Sie wollen ein Familienmitglied für ca. 15 Jahre zu sich nehmen.
- [ ] Alle Familienmitglieder sollten mit dem Kauf eines vierbeinigen Freundes und der Wahl der Rasse einverstanden sein.
- [ ] Lassen Sie sich auf keinen Fall unter Druck setzen und zum Spontankauf drängen. Sie haben Zeit.
- [ ] Leben Sie in einer Mietwohnung, dann brauchen Sie die Zustimmung des Vermieters. Aber auch wenn Sie ein Eigenheim haben, sollten Sie über die Anschaffung eines Hundes mit den Nachbarn reden.
- [ ] Reicht Ihre Freizeit, um dem Zwergschnauzer genügend Zuwendung, Liebe, Bewegung und Beschäftigung geben zu können und somit eine artgerechte, gesunde Haltung bis zu seinem Lebensende? Vor allem in den ersten Lebensmonaten, bis die Entwicklung des Welpen abgeschlossen ist, benötigt er viel Aufmerksamkeit und Zeitaufwand. Er möchte eine Aufgabe und Kontakt zu seinen Artgenossen haben. Z.B. wäre der Besuch einer guten Welpenschule empfehlenswert.
- [ ] Der Zwergschnauzer muss in Ihre Urlaubsplanung mit einbezogen werden. Soll und kann er, auch zukünftig, immer mitfahren? Oder haben Sie eine zuverlässige Person, die während des Urlaubes auf ihn aufpassen kann?
- [ ] Die Anschaffung verursacht nicht die größten Kosten, sondern der Unterhalt. Wichtig auch für kleine Hunde sind z.B. Haftpflichtversicherung, Steuer, Futter, Leckerbissen, Tierarzt.
- [ ] Sind Sie bereit, Erbrochenes oder ein Hundehäufchen auch von der Straße zu entfernen?

▸ Züchter

Seriöse Züchter sind in der Regel auf ein oder zwei Rassen spezialisiert.

Es gibt Züchter, die einmalig ihre Hündin Babys aufziehen lassen und solche, die mit fundiertem Wissen über die Genetik, die Aufzucht, die Bedürfnisse usw. von Hunden gezielte Verpaarungen vornehmen. Beiden geht es vor allem darum, möglichst gesunde, lebensfrohe und glückliche Hunde zu züchten und artgerecht aufzuziehen. Grundgedanke ist immer, das unbestechliche Wesen, die hervorragenden Eigenschaften und die äußeren Rassemerkmale der Zwergschnauzer zu erhalten und zu fördern. Wer in Ihrer Nähe Zwergschnauzer züchtet, erfahren Sie vom Pinscher-Schnauzer-Klub (Anschrift im Serviceteil, Seite 118).

Rüde oder Hündin? Das ist die Frage.

Auswahl

RÜDE ODER HÜNDIN? Ob es ein Rüde oder eine Hündin sein soll, ist oft eine schwierige Entscheidung, die ich häufig den Zwergschnauzerfreunden abnehmen soll – was ich allerdings nicht möchte und auch nicht kann, denn beide haben verschiedene Vorzüge. Es kommt auf die Erwartungen und Lebensumstände der Hundekäufer an.

Dass eine Hündin anhänglicher sein soll als ein Rüde, ist eines von vielen Ammenmärchen der Kynologie. Allerdings wird die Hündin ca. zweimal im Jahr läufig und kann – wenn sie die Möglichkeit hätte, zum Rüden zu gelangen – Welpen bekommen. Wie das Wort schon sagt, wird eine Hündin »läufig« und wird während dieser befruchtungsfähigen Zeit jede Chance nutzen, zum Rüden zu kommen. Es ist sogar schon eine Hündin vom Balkon im ersten Stock gesprungen.

Rüden müssen von Beginn an konsequenter erzogen werden, sie versuchen immer wieder, im Rang etwas höher zu kommen und werden überall, wo sie spazierengehen, ihre Duftmarke hinterlassen, damit die Rüden in der Umgebung Bescheid wissen. Rüden werden beim Spaziergang immer den Macho spielen, aber dieses Getue ist ungefährlicher als die Begegnung von verfeindeten Hündinnen. Allgemein gibt es natürlich auch dominante Hündinnen und unterwürfige Rüden.

Sie sehen, die Entscheidung ist nicht so einfach und bleibt letztlich Ihnen überlassen.

Kauf

Zwergschnauzer kauft man, wie Sie nun wissen, beim seriösen Züchter. Informieren Sie sich bei verschiedenen Züchtern über die Aufzucht, Haltung und Pflege ihrer Hunde. Gute Züchter geben Ihnen gerne Auskunft und zeigen Ihnen mit Stolz ihre gepflegten erwachsenen Zwergschnauzer, die Ahnentafeln der Eltern und den vom Zuchtwart gewissenhaft ausgefüllten Wurfantrag bzw. Zuchtwartbericht, in dem schon innerhalb der ersten Lebenswoche der Welpen die erste Besichtigung und nach Vollendung der achten Lebenswoche die Abnahme und Tätowierung der Welpen dokumentiert ist.

Die Mutterhündin und ihr Nachwuchs sollen Vertrauen zum Züchter haben und mit überschwenglicher Freude auf ihn zulaufen. Ausgewachsene Zwergschnauzer können Fremden schon einmal mit gesundem Misstrauen gegenübertreten.

Es kommt auch vor, dass die Welpen gerade gefressen haben und einer faul herumliegt. Das ist unbedenklich, solange er sich nicht vor lauter Angst verkriecht. Nehmen Sie sich etwas Zeit zum Aussuchen des Welpen und sehen Sie sich den Faulen später noch einmal an. Ist er dann genau so lustig wie seine Geschwister, brauchen Sie keine Bedenken zu haben.

Bei uns bekommen Interessenten erst einmal etwas zu trinken und wir unterhalten uns, während die Kleinen spielen. So können wir sie beobachten, und ich lerne die zukünftigen Schnauzerleute besser kennen. Denn uns fällt es immer noch schwer, einen Welpen in meist fremde Hände abzugeben. Ich stelle mir immer vor, dass wir die Welpen nur in Pflege haben und sie, wenn die Zeit gekommen ist, abgeben müssen. Ein gewisses Vertrauen sollte dann schon zwischen Züchter und Käufer vorhanden sein, dann ist die Basis für das Wohlergehen des kleinen Hundes geschaffen.

Für die Auswahl des Welpen sollten Sie sich genug Zeit nehmen.

Wichtige Dokumente

Ein **Kaufvertrag** bedeutet Sicherheit für Züchter und Welpenkäufer. Sind beim Kauf vorhandene Mängel im Kaufvertrag festgehalten, kann es später keine unnötigen Diskussionen oder Auseinandersetzungen geben. Kaufvertrag-Vordrucke sind beim VDH und PSK erhältlich.

Ahnentafel und Impfpass gehören zu den wichtigsten Papieren des Hundes. Die Ahnentafel dokumentiert die reinrassige Abstammung des Zwergschnauzers, was vom Pinscher-Schnauzer-Klub akribisch überprüft und vom Züchter ausdrücklich bescheinigt wird. Im **Impfpass** sind die bereits verabreichten Impfungen eingetragen. Dieser international anerkannte Impfausweis gehört, wenn Sie ins Ausland reisen oder eine Hundeausstellung besuchen, zu den wichtigen Reisepapieren. Einige Länder können Sie ohne diese Impfnachweise nicht besuchen.

Beim Informationsgespräch zeigt der Züchter Ihnen gerne den **Zuchtwartbericht** des Wurfes, in dem die Aufzucht- und Kontrolldaten durch den Zuchtwart eingetragen wurden. Bei der Abnahme festgestellte Fehler wie Zahnfehlstellungen, Hodenanomalien o.ä. sind diesem Formular zu entnehmen.

Klubmitgliedschaft

Bei der Übernahme des Zwergschnauzers gibt Ihnen der Züchter eine Aufnahmekarte des Pinscher-und-Schnauzer-Klubs mit. Wenn Sie den Wunsch haben, sich mit Gleichgesinnten über die Erziehung Ihres Zwergschnauzers zu unterhalten oder sie mit dem kleinen Temperamentsbündel Sport treiben möchten, kann eine Ortsgruppe sehr hilfreich sein.

Die Grundausstattung

- [ ] Als Schlafplatz hält der Zoofachhandel verschiedene Artikel bereit, wie Körbchen mit Decke oder Schlafkissen (mit Styropor gefüllt). Weidenkörbchen oder Körbe aus Holz sind für Welpen nicht zu empfehlen, da die Kleinen sie benagen.
- [ ] Halsband und Leine
- [ ] Futter- und Trinknapf
- [ ] gewohntes Futter
- [ ] Kamm mit runden Zinken
- [ ] Bürste mit festen Borsten
- [ ] Trimm-Messer (wenn Sie selber Trimmen möchten, benötigen Sie zusätzlich Friseurschere und Schermaschine)
- [ ] Zahnsteinentferner
- [ ] Krallenzange
- [ ] Spielzeug

Grundausstattung

Bei der Hundehaltung ist nicht der Anschaffungspreis der größte Posten, sondern die Grundausstattung und vor allem die laufenden Kosten. In der Tabelle oben sind in einer Übersicht die Dinge zusammengestellt, die der Zwergschnauzer für Pflege, Fütterung und sein Wohlbefinden benötigt.

Draußen muß es ja nicht ungemütlich sein!

Nicht zuletzt braucht Ihr Zwergschnauzer Spielzeug, wenn Sie mal keine Zeit für ihn haben oder auch, um damit mit ihm zu spielen. Spielen heißt fürs Leben lernen, deshalb kaufen Sie welpenfreundliches Spielzeug. Es gibt z.B. Bälle, in denen man Leckerchen verstecken kann. Wenn der Welpe den Ball bewegt, fallen sie wieder raus und der Kleine bekommt damit eine Belohnung. So lernt er schnell und gerne. Welpen wollen immer neue Reize, die sie zum Lernen auch benötigen. Kleine Bälle, in einem alten Socken versteckt, finden Welpen ganz klasse und auch sie bieten einige Spielmöglichkeiten. Achten Sie bitte darauf, dass Ihr kleiner Rabauke von Plastikspielzeug keine Stücke abbeißen und verschlucken kann. Kinderspielzeug wie Legosteine o.ä. können vom Hund ebenfalls verschluckt werden und eventuell eine Operation erfordern. Kinder, die das wissen, lernen oft auf wundersame Weise, eine gewisse Ordnung im Zimmer zu halten.

▸ Sicherheit

Ihre Wohnung sollte auf mögliche Gefahren für den Welpen überprüft werden. Giftige Pflanzen müssen für Welpen unerreichbar sein. Ebenso gefährlich sind Stromkabel, umherliegende Medikamente, Putzmittel, Chemikalien usw. Räumen Sie alle Kleinteile, die der Welpe verschlucken könnte, aus seiner Reichweite. Denken Sie auch an die Kaufreudigkeit eines Welpen, worunter Teppichfransen zuerst leiden müssen. Offene Treppen sollten mit einem Netz oder Gitter gesichert werden.

Denken Sie bitte auch an mögliche Gefahren im Garten. Dort wachsen eventuell Pflanzen, die für den Hund giftig sein können. Ein Teich kann zur Falle werden, wenn der Hund keine Möglichkeit hat, wieder herauszukommen. Schuppen oder Gartenhäuser verleiten kleine Zwergschnauzer zum Unterbuddeln. Manchmal finden die Kleinen aber keinen Weg mehr aus der Höhle und brauchen Ihre Hilfe.

Der Schlafplatz

Längst haben Sie sich überlegt, wo der Familienzuwachs sein Lager haben soll. Mal sehen, ob dieser Ort dem Kleinen gefällt und ob er oder Sie sich durchsetzen werden. Die richtige Wahl des Liegeplatzes will gut überlegt sein. In einem großen Wohnhaus mit vielen Mietern kann ein lebhafter aufmerksamer Hund, der seinen Platz im Flur oder in der Diele hat, durchaus für Unruhe unter den Mietparteien sorgen. Wählen Sie dann einen ruhigen Liegeplatz, an dem der Hund keine Geräusche aus dem Treppenhaus hört.

Eine schwierige Entscheidung ist auch der Schlafplatz für die Nacht. »Hunde gehören mit uns ins Schlafzimmer« ist die eine Meinung. Andere finden, dass Hunde unbedingt mit uns im Bett schlafen dürfen. »Für Hunde muss das Schlafzimmer unbedingt tabu bleiben« ist eine weitere Meinung.

Ich denke, es kommt auf uns und unsere Einstellung zu unserem vierbeinigen Familienmitglied an. Natürlich ist ein Hund glücklich, wenn er in der Nähe seines Rudels sein darf. Nichts ist ihm verhasster, als einsam und allein sein zu müssen. Aber ins Bett muss er ja nicht unbedingt. Auch wenn die Gefahr, das Bett zu erobern, bei einem Zwergschnauzer größer ist als bei einem Riesenschnauzer, sollten Sie als Rudelführer unbedingt derjenige sein, der bestimmt, wer im Bett schlafen darf und wer nicht.

Abholen

Jetzt ist der große Tag gekommen und Sie holen »Ihren« Zwergschnauzer nach Hause. Noch einmal werden in Gedanken alle wichtigen Punkte durchgegangen: Sind alle Vorbereitungen getroffen? Haben wir das Halsband mit der Leine in der richtigen Größe dabei? Ist für die Fütterung alles vorbereitet? Haben wir noch Fragen an den Züchter?

Nach der Trennung von Mutter, Geschwistern und der Züchterfamilie muss sich nun der kleine Kerl auch noch an dieses knatternde Blechding, das die Menschen Auto nennen, gewöhnen. Denn Sie wollen Ihren Zwergschnauzer doch hoffentlich überall hin mitnehmen können, oder? Fahren Sie deshalb umsichtig und vermeiden Sie Schrecksituationen für den Kleinen.

Hat man mit dem Züchter einen Termin zum Abholen ausgemacht, wird er den Welpen an diesem Tag nicht mehr füttern, damit er sich unterwegs nicht erbrechen muss. Eventuell bringt Ihnen der Züchter das kleine Wesen nach Hause. Das ist zwar für den Welpen angenehmer, da er die Menschen kennt, die ihn durch die Welt fahren, aber sollte meiner Meinung nach nur gemacht werden, wenn das neue Menschenrudel zur Besichtigung der Welpen, der Mutter und der Aufzuchtbedingungen schon einmal bei der Züchterfamilie war.

Ankunft zu Hause

Nach der Fahrt lassen Sie den kleinen Hund zunächst an dem Ort vom Arm herunter, wo er später sein Geschäft verrichten soll. Er wird vor Aufregung sicher sofort dort seine Markierung hinterlassen, wofür er von Ihnen überschwenglich gelobt wird. So findet er diesen Ort positiv und wird sein Geschäft nach Möglichkeit dort verrichten.

Ist dieser erste Schritt in das neue Leben des Zwergschnauzers getan, gehen Sie mit ihm hinein und lassen ihn

sein neues Zuhause erkunden. Er soll ja wissen, wo er nun hingehört. Das erleichtert die Trennung von den Geschwistern und der Mutter. Danach zeigen Sie ihm seinen Futter- und Trinknapf.

Eingewöhnung

Haben Sie in der ersten Zeit viel Verständnis für das kleine Lebewesen, aber vergessen Sie auch nicht die Erziehung. Durch genaues Beobachten des Zwergschnauzerwelpen lernen Sie schnell seine Sprache kennen und verstehen bald, was er für Bedürfnisse hat.

Wir empfehlen unseren Schnauzerfreunden, ihren Familienzuwachs in den ersten Tagen dem Tierarzt vorzustellen. Sollten Sie noch keinen Tierarzt in Ihrer Nähe kennen, fragen Sie Hundehalter, die Sie beim Spaziergang treffen, nach einem geeigneten Veterinär. Achten Sie darauf, dass die Impfung Ihres Zwergschnauzers mindestens 10 Tage her sein muss, damit er Antikörper gebildet haben kann und somit ausreichender Schutz vorhanden ist. Ansonsten sollten Sie den Kontakt zu anderen Hunden in den ersten Tagen meiden.

Kontakte zu anderen Hunden sind wichtig.

»Zwei gegen einen ist feige. Aber Du bist größer.«

Danach sollten Sie den Kontakt zu anderen Hunden jedoch unbedingt suchen und aufrecht erhalten, damit Ihr Zwergschnauzer die Hundesprache nicht verlernt und es so später keine Probleme mit anderen Hunden gibt. Nehmen Sie den Zwergschnauzer auf keinen Fall bei jeder Begegnung mit einem fremden Hund aus Angst auf den Arm! Der Zwergschnauzerwelpe hat noch einen sogenannten Welpenschutz, der von normalen erwachsenen Hunden erkannt wird und der Zwerg weiß nicht, wie »klein« er ist. Er glaubt, ein Riesenschnauzer zu sein. Deshalb muss er weiterhin Umgang mit anderen Hunden haben.

Zeigen Sie dem Kleinen sofort sehr deutlich, was er darf und worüber Sie sich nicht freuen. Vergessen Sie niemals das Loben. Das Hundebaby möchte Ihnen eigentlich alles recht machen. Sicher sind Hund und Mensch aber nicht immer einer Meinung. Zum Beispiel gehören Schuhe für den Zwergschnauzer zum tollsten Beschäftigungsmaterial

TIPP

Der Besuch einer guten Welpenschule kann sich auf die Entwicklung des Hundes positiv auswirken. Rassehundezuchtvereine wie der Pinscher-Schnauzer-Klub, Tierschutzvereine oder andere Hundebesitzer kennen solche Welpenschulen in Ihrer Nähe.

und gleichzeitig zu den schmackhaftesten Spielsachen der Welt, während wir beim Anblick zerbissener Schuhe wütend reagieren. Daher sollten Sie alles wegräumen, womit der Kleine nicht spielen soll bzw. müssen unerlaubtes

»Schaut mal her, ich werde bestimmt ein Champion.«

Tun sofort beenden. Sie sehen: Viel Geduld und Einfühlungsvermögen ist für ein harmonisches Zusammenleben in den ersten Tagen vonnöten.

Neben viel Liebe und Aufmerksamkeit brauchen Welpen auch ausreichend Schlaf. Zwergschnauzer lieben kuschelige Schlafplätze. Mit den Worten »Geh in dein Körbchen« oder »Geh auf deinen Platz« oder ähnlichem gewöhnen Sie dem Racker an, zum Schlafen seinen Schlafplatz aufzusuchen.

Einige unserer Welpenkäufer berichteten uns über die erste Nacht: »Das Zwergschnauzerbaby hat gut durchgeschlafen. Wir lagen fast die ganze Nacht wach im Bett und haben es beobachtet.« Die Angst, nicht mitzubekommen, wenn der Welpe in der Nacht mal muss, lässt die meisten Leute nicht schlafen. Dabei braucht auch ein Zwergschnauzerwelpe normalerweise die ganze Nacht nicht Gassi gehen. Natürlich muss er dann um so dringender, wenn er aufwacht. Sie sollten dann möglichst schnell mit ihm nach draußen zu seinem Stammplatz gehen.

Stubenreinheit

Zwergschnauzer sind sehr lernfreudig. So lernen sie schnell den Unterschied zwischen »erwünschtem Gassi« außerhalb der Wohnung und »unerwünschtem Gassi« in der Wohnung kennen. Dafür müssen Sie die Voraussetzungen schaffen. Wie schon erwähnt, trägt das intensive Beobachten des Zwergschnauzers in den ersten Tagen erheblich zum schnellen Erfolg bei. Das Tadeln mit einem kurz und deutlichen gesprochenen »Pfui«, unmittelbar wenn ein Malheur passiert ist, und das Loben mit den langgezogenen Worten »Braaav«, wenn sich Ihr Zwergschnauzer am richtigen Ort gelöst hat, fördern ebenfalls die Stubenreinheit. Tadeln Sie nur und sofort, wenn Sie sehen, dass der Kleine gerade in die Wohnung »machen« möchte. Nehmen Sie ihn sofort auf den Arm und tragen Sie ihn zu seinem Löseplatz.

TIPP

Nadelhölzer im Garten vertragen keinen Hunde-Urin. Sie bekommen sehr schnell gelbe Nadeln und gehen ein. Weißdorn, Holunder, Vogelbeere, Birke und Haselnuss sind weniger empfindlich.

Finden Sie das Malheur erst später, so entfernen Sie das Häufchen stillschweigend. Den Welpen mit der Nase in das Missgeschick zu stupsen, ist nicht nur unsinnig, sondern fördert die Missverständnisse zwischen Ihnen und Ihrem »Freund« Zwergschnauzer. Überlegen Sie lieber, ob Sie vielleicht seine Art, sich zu melden, nur noch nicht kennen oder aus Zeitmangel vergessen haben, mit dem kleinen Kerl rechtzeitig nach draußen zu gehen.

Jeder Hund meldet sich anders: Einer jammert und winselt so lange, bis der Mensch endlich begreift, dass sich der Kleine lösen muss. Andere schauen uns nur traurig an und wieder andere Welpen gehen zwischen Tür und Mensch immer hin und her. Im allgemeinen »muss« der Kleine, wenn er intensiv suchend umherschnüffelt oder sich im Kreise dreht.

Sobald die Welpen mit ca. drei Wochen die erste Gehversuche starten, versuchen sie ihren Schlafplatz nicht zu beschmutzen und krabbeln, so weit es ihnen möglich ist, davon weg, um sich

Welpen brauchen ständig Neuigkeiten, damit sie sich gut entwickeln.

zu lösen. Von der Zwergschnauzermutter lernen die Welpen auch ein gewisses Maß an Reinlichkeit: Können die Babys richtig laufen, gehen sie mit der Mutter nach draußen, und dieser Gang wird für den jungen Zwergschnauzer ganz normal. Natürlich muss der Züchter seinen Hunden diese Möglichkeit bieten und dafür sorgen, dass die Welpen sich weit genug von ihrem Schlafplatz entfernt lösen können. Am besten wäre es auf einer Wiese oder auf Sandboden, so wird sich der Welpe beim Stadtbummel in der Fußgängerzone nicht lösen wollen, sondern wartet, bis er den gewohnten Boden findet.

Der regelmäßige Tagesablauf kann entscheidend zum Reinlichkeitsverhalten des Zwergschnauzers beitragen. Denn bekommt der Zwergschnauzer regelmäßig Futter, muss er sich auch regelmäßig lösen und Sie wissen schneller die richtigen Zeiten. Da Hunde zu den Fleischfressern gehören, haben sie einen sehr kurzen Darm und Welpen müssen kurze Zeit nach dem Fressen die Verdauungsreste loswerden. Nach dem Schlafen muss ein junger Zwergschnauzer ebenfalls sofort nach draußen. So ist es sinnvoll, nach der Fütterung und wenn der Welpe erwacht, einen Gassigang einzuplanen. Zum Blasentraining und um den Zwerg an Ihre Zeiten zu gewöhnen, sollten Sie zunächst im 2-Stunden-Rhythmus nach draußen gehen. Später verlängern Sie die Zeitabstände.

▸ Die Entwicklung

Verhaltensforscher haben in den letzten Jahrzehnten wichtige Erkenntnisse gewonnen, die wir als Züchter, aber auch als Zwergschnauzerliebhaber nutzen sollten. Wenn wir wissen, dass Wölfe, die Uhrahnen unserer lieben Zwergschnauzer, in einer differenzierten und komplizierten sozialen Organisationsform leben, so ist uns allen sicher klar, wie wertvoll die Erkenntnisse der Verhaltensforscher wie Konrad Lorenz, Eberhard Trumler, Erik Zimen und anderer für die Aufzucht und Erziehung unserer Zwergschnauzer sind.

Minimale Veränderungen der Mimik, die wir gar nicht wahrnehmen, können bedeutende Informationen enthalten. Da Hunde uns sehr genau und ständig beobachten, kennen sie uns besser als wir sie. Hinzu kommt, dass wir alle Gesten des Zwergschnauzers schnell vermenschlichen, um ihnen einen für uns vernünftigen Sinn zu geben. So entstehen immer wieder

Missverständnisse in der einmaligen Mensch-Hund-Beziehung. Aus diesem Grunde ist die Kenntnis dieser Phasen besonders wichtig, um sich ohne Missverständnisse verständigen zu können.

Sie sollten sich auch nicht scheuen, den Züchter Ihres Zwergschnauzers zu fragen, wenn Ihnen etwas Probleme bereitet oder sie Verständigungsschwierigkeiten haben.

NEUGEBORENENPHASE ▸ Die 1. und 2. Lebenswoche nennt man auch vegetative Phase. Nach der Geburt haben Welpen zunächst lediglich trinken, verdauen und schlafen als Lebensaufgabe. Die Hündin regt durch massierendes Lecken des Welpenbauches die Ausscheidung an und leckt diese auf. Die Welpen sind in der Lage, im Kreis zu kriechen, um eine Zitze zu finden und regen diese mit dem Milchtritt zum Milchgeben an. Innerhalb von 14 Tagen sollten gesunde Welpen ihr Geburtsgewicht verdreifacht haben. Zufriedene Welpen sind nur unruhig, wenn sie nicht sofort das Gesäuge der Mutter finden.

ÜBERGANGSPHASE ▸ In diesem Zeitraum (ca. 2. und 3. Lebenswoche) erwachen die Sinne des Welpen. Die Augen öffnen sich ca. am 14. Tag, die Ohren einige Tage später. Die Welpen können aber frühestens am 17. Tag sehen oder hören. Sie beginnen nun, auf Umweltreize zu reagieren. Die ersten Kontakte zu den Geschwistern werden aufgenommen: mit den kleinen Mäulchen werden die Ohren, Pfoten usw. der Geschwister untersucht. Das ist der Beginn eines kompliziert geregelten Sozialverhaltens.

Züchter müssen das Interesse der Welpen wecken und fördern.

SOZIALISIERUNGSPHASE ▸ Innerhalb dieser Entwicklungsphase (ca. 3. Bis 12. Lebenswoche) befindet sich ca. zwischen der 6. Und 8. Woche die höchst wichtige Prägungsphase. Nach meiner Beobachtung kann schon im Alter von 4 Wochen die Prägung beginnen. Während dieser Zeit muss sich der Züchter intensiv mit den Welpen beschäftigen und ihnen vielfältige Sinneseindrücke und Kontakte ermöglichen, damit der Welpe später als erwachsener Zwergschnauzer keine Probleme mit seinem menschlichen Partner und der Umwelt bekommt. Der verantwortungsvolle Züchter macht sich diese für das ganze Hundeleben entscheidende Phase zunutze, damit unsere Zwergschnauzer weiterhin zu den anpassungsfähigen, gesunden Rassehunden zählen.

Der Cleverste und nicht der Stärkste eines Rudels wird Rudelführer. Wer das sein wird, probieren schon kleine Welpen im Spiel aus.

Die Sinne sind nun voll entwickelt und können zum Training spielerisch eingesetzt werden. So wird nun aus dem vorsichtigen Ertasten der Geschwister ausdrucksvolles Spiel. Die Hundesprache wird erlernt und geübt. Dazu gehören Knurren, Zähne zeigen, Fell sträuben, Einklemmen der Rute, Anlegen der Ohren, Schwanzwedeln und auch die ersten Bellversuche.

Ernährungsgewohnheiten und -vorlieben werden festgelegt. Die Umgebung mit allen Geräuschen wird interessiert erkundet. Lernen Welpen in dieser Zeit knatternde Rasenmäher, brummende Staubsauger und andere »unangenehme« Dinge kennen, werden sie später keine Angst vor solchen oder ähnlichen Sachen haben.

Welpen brauchen immer neue Reize für ihre Entwicklung. Je mehr, umso besser. Wir geben unseren Welpen gerne Klettermöglichkeiten oder Rohre zum Durchkrabbeln, Drüberrutschen oder Unterbuddeln. Welpensicheres Spielzeug, von dem nichts abgebissen oder verschluckt werden kann, haben unsere kleinen Zwergschnauzer immer zur Verfügung. Das lieben sie sehr und sie haben viele Möglichkeiten, sich mit ihren Geschwistern oder auch mit uns zu messen. Das ist für die nächste Phase (Rangordnungsphase) sehr wichtig, denn je mehr Möglichkeiten ein Welpe zum Lernen bekommt und zu nutzen versteht, bestimmt, wie viel er später zu sagen haben wird, also welchen Rang er innerhalb des Rudels einnimmt.

TIPP

Der günstigste Zeitpunkt für den Wechsel des Welpen in sein neues »Rudel« ist, wegen der geschilderten Entwicklungsphasen, zwischen der neunten und 12. Lebenswoche. In dieser Zeit gewöhnt sich ein Welpe sehr schnell im Menschenrudel ein und lernt unglaublich rasch. Deshalb beginnen Sie bitte sofort mit der Erziehung Ihres Zwergschnauzers und denken Sie immer daran, wie Sie sich Ihr neues Familienmitglied als erwachsenen Hund wünschen.

JUGENDPHASE ▸ Diese Phase von ca. der 12. Woche bis zur sexuellen Reife beinhaltet folgende Entwicklungsstufen:

- Rangordnungsphase, 13. bis 16. Lebenswoche,
- Rudelordnungsphase, 5. bis 6. Lebensmonat,
- Pubertätsphase, ab dem 7. Lebensmonat.

Während der **Rangordnungsphase** stellt sich heraus, welchen Rang sich der Zwergschnauzer im Rudel erkämpft hat. Immer wieder beobachte ich interessiert, wie sich unsere kleineren Welpen gegen die Größeren durchsetzen und später nicht der Stärkste, sondern der Cleverste etwas zu sagen hat. Reaktionsvermögen und schnelle Auffassungsgabe sind hierfür Voraussetzung und werden bei optimaler Aufzucht vom Welpen beim Spielen entwickelt. In dieser Zeit ist der Charakter des Zwergschnauzers besonders formbar.

Aber Vorsicht: auch der Rudelführer wird nun bestimmt. Ob es der Mensch oder der Zwergschnauzer wird, hängt hauptsächlich vom Verhalten des Menschen ab. Der muss seine Autorität festigen und sich konsequent durchsetzen. Nur so kann der Zwergschnauzer ihn verstehen und als Rudelführer akzeptieren.

Die **Rudelordnungsphase** birgt kritische Momente. Da der Jagdtrieb gleichzeitig mit dem Geschlechtstrieb erwacht und beide mit der Lust zu unerlaubten Ausflügen verbunden sind, versteht der junge Zwergschnauzer sozusagen plötzlich unsere Sprache nicht mehr. Er weiß überhaupt nicht, was wir von ihm wollen und ignoriert bereits Erlerntes. Das ist ein vollkommen normales Schnauzerverhalten. Er überprüft seine Grenzen. Achten Sie darauf, dass der kleine Schelm keine Möglichkeit zum Streunen bekommt, so wird sich der Jagdtrieb abschwächen und Ihr Zwergschnauzer bleibt ausschließlich ein Ratten- und Mäusejäger.

Das Umgebungsbewusstsein entwickelt sich jetzt. Der Zwergschnauzer nimmt nun seine Umgebung bewusster war. Dinge, die unsere Zwergschnauzer kennen, werden plötzlich mit ganz anderen Augen gesehen und erscheinen dem Hund womöglich erst einmal als Bedrohung. Wir sagen dann zu unseren Zwergen »Geh gucken«, bis sie sich von der Harmlosigkeit des Gegenstandes überzeugt haben. Einigen Zwergschnauzern merkt man diese

Das Spiel mit anderen Tieren trägt zum harmonischen Zusammenleben aller bei. Als Erwachsene waren die beiden feste Freunde und schliefen in einem Korb.

Zwergschnauzer sind sehr kinderlieb und lassen auch ihren Nachwuchs gerne von Kindern mit aufziehen.

Phase kaum an. Sensible Zwerge dagegen reagieren auf Veränderungen, wie z.B. Renovierungen, ängstlich.

In der **Pubertätsphase**, ca. ab dem 7. Lebensmonat, erscheinen die Zwergschnauzer optisch ausgewachsen, aber sie benehmen sich noch nicht so, sondern total »albern«. Die Hormone spielen verrückt, unsere Zwerge werden erwachsen.

▸ Zwergschnauzer und Kinder

Haben Sie schon einen Zwergschnauzer und erwarten nun ein Kind? Keine Panik, auch andere Familien haben schon vor dieser Situation gestanden und sie bewältigt. Natürlich muss das neue Familienmitglied dem Zwergschnauzer sofort vorgestellt werden und dieser den Geruch aufnehmen dürfen. Dabei zeigt man dem Hund ganz deutlich, dass auch für ihn noch genug Liebe da ist. Vernachlässigung würde beim Hund zu unerwünschten Aggressionen führen.

Im Normalfall beginnt der Zwergschnauzer sofort das kleine Menschenkind zu bewachen, und Angriffe auf Leute, die sich zu enthusiastisch über den Kinderwagen beugen, sind normal. Denn ein Zwergschnauzer wacht über alles, was zur Familie bzw. was der Familie gehört. Sehr verhätschelte Zwergschnauzer können schon mal Probleme machen, denen Sie mit logischem Denken und viel Einfühlungsvermögen entgegentreten können.

Zwergschnauzer sind zwar nicht sehr groß und deshalb ausgezeichnet für Kinder geeignet, aber auch so ein kleiner Hund kann kleine Kinder stürmisch begrüßen und sie dabei umschmeißen. Daher sollten Sie kleine Kinder und Hunde nicht unbeaufsichtigt lassen.

»Ich bin zwar ein Zwergschnauzer, aber wer merkt das schon. Meine Riesen habe ich voll im Griff.«

Bei aller Liebe zum Zwergschnauzer muss, wo nun ein Kind in die Familie gekommen ist, noch mehr auf die Hygiene geachtet werden. Das gegenseitige Belecken und das »Futterteilen« sollte unterbunden werden. Dem Kind beizubringen, sich vor dem Essen die Hände zu waschen, ist nun noch wichtiger.

Bitte streiten Sie sich niemals im Beisein Ihres Kindes über den Hund, dass könnte bei sensiblen Kindern zu Irritationen führen. Einem Kind zur Strafe den Hund wegnehmen zu wollen, sollte ebenfalls tabu sein.

Schon mit 10 Monaten stellt man fest, dass beim Kind ein gewisses Zärtlichkeitsbedürfnis vorhanden ist und Hunde freudig begrüßt werden. Kinder, die mit Hunden aufwachsen dürfen, entwickeln sich zu selbstbewussten Jugendlichen, denen es leichter fällt, ihren Platz in der Gesellschaft zu finden. Kindern, die sich sehnlich einen Hund wünschen und sich intensiv mit dem Thema Hund auseinandergesetzt haben, sollte man diesen Wunsch erfüllen – vorausgesetzt, dass Sie ebenfalls Hunde mögen, denn es ist Ihnen sicher klar, dass die meisten Spaziergänge von den Erwachsenen gemacht werden.

Den spontanen Wunsch Ihres Kindes, einen Hund haben zu wollen, weil Ihr Kind das Foto eines süßen Welpen gesehen hat oder Freunde einen Hund haben, sollten Sie nicht unterstützen.

Wie Kinder mit Hunden umgehen sollten

- Fremde Hunde darf man nur anfassen, wenn die Hundehalter einverstanden sind.
- Vor einem fremden Hund nicht weglaufen, denn das fordert seinen Jagdtrieb heraus. Man sollte den Hund lieber schnuppern lassen, damit er das Kind kennenlernen kann. (Kinder riechen für Hunde ganz besonders angenehm.)
- Das Spiel »Erschreck Dich, Hund!« versteht nicht jeder Hund, also mit fremden Hunden auf gar keinen Fall machen! Menschen, die sich anschleichen, werden vom Zwergschnauzer als Eindringlinge angesehen und müssen natürlich vertrieben werden. So kommt es zu unnötigen Missverständnissen.
- Hunde darf man nicht beim Fressen oder Schlafen stören oder sie gar an der Rute ziehen.
- Niemals Nachbars Hund im Zwinger ärgern, weil der dann so böse bellt und nichts tun kann. Denn Hunde merken sich solche Vorfälle oft ihr ganzes Leben lang.

Gesunde Ernährung

Gesunde Ernährung

Zwergschnauzer verdreißigfachen etwa ihr Geburtsgewicht, bis sie erwachsen sind. Dies zeigt, welchen Stellenwert die ausgewogene, gesunde Ernährung für den Zwergschnauzer hat.

▸ Der Bedarf

Der Hund ist, ebenso wie sein Vorfahr der Wolf, kein reiner Fleischfresser, sondern ein Beutetierfresser. Mit Vorliebe fressen Wölfe den pflanzlichen vorverdauten Mageninhalt ihrer Beutetiere, die ja zumeist Pflanzenfresser sind. Kleine Beutetiere würde auch ein Zwergschnauzer – hätte er die Gelegenheit dazu – komplett verspeisen. Das bedeutet, dass der Hund nicht nur Fleisch benötigt. Vielmehr braucht der normal beanspruchte, erwachsene Hausgenosse rund 1/3 Fleisch und 2/3 Getreidekost. Wachsende Hunde, tragende und säugende Hündinnen sowie sportlich stark beanspruchte Hunde benötigen 2/3 Fleisch und 1/3 Getreidekost.

Welpen benötigen im Verhältnis zum erwachsenen Hund auch von der Menge her ein Vielfaches an hochwertiger Nahrung. Sie haben einen erhöhten Energiebedarf.

Gemeinsam schmeckt es am besten. Schon in diesem zarten Alter entwickeln sich Futtervorlieben.

Fertigfutter

Die Wissenschaft beschäftigt sich intensiv mit der bedarfsgerechten Ernährung von Hunden. Immer wieder gibt es neue Erkenntnisse über die optimale Versorgung des Hundes mit Nährstoffen, Vitaminen, Mineralien usw.

Daraus resultiert eine ganze Palette von hochwertigen Fertigfuttermitteln, die dem Bedarf des Hundes in verschiedenen Lebensphasen gerecht werden. In Vollnahrung oder Alleinfutter sind alle Bestandteile enthalten, die der Hund für eine gesunde Ernährung braucht. Hier braucht und soll nichts hinzugegeben werden. Denn auch ein Zuviel an Vitaminen und Mineralstoffen kann schaden und z.B. zu einem zu schnellen Wachstum führen.

Neben der Vollnahrung gibt es z.B. Flocken, die mit Fleisch gemischt gefüttert werden.

TIPP

Wichtig ist das Verhältnis von Kalzium und Phosphor, das auf der Fertigfutterpackung angegeben ist. Es sollte 1,2 : 1 betragen.

Grundsätzlich kann man nicht auf das Gramm genau sagen, wie viel ein Hund fressen muss. Es kommt auf die Leistung, die Größe, die Futterart, die jeweilige Verwertung des Futters, die Lebensbedingungen usw. an. Bitte orientieren Sie sich an den Mengenempfehlungen der Futtermittelhersteller und kontrollieren Sie, ob Ihr Zwergschnauzer mit dieser Futtermenge nicht zu dick wird (die Rippen sollten tastbar sein, der Hund sollte, von der Seite betrachtet, eine aufgezogene Bauchlinie und – von oben gesehen – hinter den Rippen eine Taille haben). Das Hundefutter selbst zuzubereiten, erfordert großes Wissen über den Bedarf und das mengenmäßige Verhältnis der einzelnen Futterbestandteile. Sie müssen auch den Zeitaufwand für Einkaufen und Zubereitung einkalkulieren.

Futterumstellungen

Fragen Sie den Züchter, welches Futter der Zwergschnauzerwelpe bislang bekommen hat. Es hat sich bewährt, diese Fütterung zunächst beizubehalten. Denn wenn Sie das Futter radikal umstellen, kann es zu Durchfall kommen. Besser, Sie mischen über einen längeren Zeitraum schrittweise immer größere Mengen des neuen Futters unter das gewohnte.

Ständig wechselnde Futtersorten können auch beim erwachsenen Hund den Magen-Darm-Trakt stören. Die Folge ist Durchfall oder Erbrechen. Das kann nicht gesund sein. Für uns Menschen ist es allerdings schwer zu verstehen, dass ein Hund keine Abwechslung beim Fressen benötigt und trotzdem glücklich alt werden kann.

Fütterungspraxis

Beim Züchter wurde der kleine Welpe wahrscheinlich 4mal täglich gefüttert. Allmählich reduzieren Sie nun die Anzahl der Mahlzeiten (siehe Tabelle).

Anzahl der Mahlzeiten

Alter	*Mahlzeiten*
2 bis 4 Monate	4
4 bis 8 Monate	3
ab 9 Monate	2

Welpen brauchen spezielles Futter.

Das Futter wird zu festen Zeiten immer am gleichen Platz serviert, und der Zwergschnauzer sollte ungestört fressen können. Wir Menschen müssen ihm allerdings noch beibringen, zügig den Napf leer zu fressen: Frisst der kleine Kerl das Futter nicht innerhalb von 15 Minuten auf, so wird der Napf weggestellt und bis zur nächsten Fütterung soll der junge Hund keine Leckerchen oder Ähnliches bekommen. So entwickelt er seine Fressgewohnheiten und lernt, beim Fressen nicht zu trödeln.

Übrig gebliebenes Futter kann schnell verderben, daher im Kühlschrank aufbewahren oder wegwerfen! Das Futter sollte übrigens immer Zimmertemperatur haben (nicht direkt aus dem Kühlschrank oder sehr heiß geben).

Täglich werden der Futter- und Wassernapf gründlich gereinigt.

▸ Snacks und Kauartikel

Als Betthupferl, kleine Zwischenmahlzeit oder Belohnung gibt es im Zoofachhandel verschiedene Leckereien, Snacks und Hundekuchen. Sie sollten in die tägliche Futtermenge mit eingerechnet werden.

Harte Hundekuchen, Ochsenziemer, Kuhhufe o.ä. sind zum Zernagen ausgezeichnet geeignet, befriedigen das Kaubedürfnis und pflegen das Gebiss. Durch das Kauen auf Büffelhautknochen verkleben allerdings die schönen Bärte der Zwergschnauzer extrem und müssen manchmal sogar kurz geschnitten werden.

TIPP

Achtung: Grillfeste bergen die Gefahr, dass wohlmeinende Menschen unserem Zwergschnauzer etwas Gutes zukommen lassen wollen, und da wird dann schon mal heimlich ein Knochen »fallen gelassen«. Später beim Gassigehen sieht man dann die Bescherung: Der Zwergschnauzer hat Probleme, sich von dem zu harten, trockenen hellen Kot zu lösen.

Das dürfen Sie nicht füttern

- Tischreste, Wurstwaren usw. sind oft stark gewürzt und deshalb ungeeignet.
- Knochen sind nicht verdaulich, verhärten den Kot und können zu inneren Verletzungen führen (insbesondere leicht splitternde Geflügelknochen).
- Rohes Schweinefleisch kann die tödlichen Aujetzky-Viren übertragen; eventuell kann Schweinefleisch auch Ekzeme verursachen.
- Rohes Geflügel kann Salmonellen enthalten. Daher darf das wertvolle Geflügelfleisch nur gekocht gefüttert werden.
- Milch kann wegen des enthaltenen Milchzuckers zu Durchfällen führen.
- Kuchen, Schokolade und andere süße Leckereien sind für den Hund schädlich.
- Rohes Ei kann Salmonellen enthalten, außerdem behindert rohes Eiweiß die Aufnahme von Biotin.

Wasser

Ein sauberer Napf mit frischem Wasser muss stets bereitstehen. Denn ein Zwergschnauzer kann, ebenso wie wir Menschen, eine gewisse Zeit ohne Nahrung auskommen, aber nicht ohne Wasser.

Kuhmilch hat eine völlig andere Zusammensetzung als die Milch der Mutterhündin und ist daher als Getränk nicht geeignet. Sie kann zu Durchfall führen, da der enthaltene Milchzucker nicht verdaut werden kann.

Mutterhündin und Welpen

Tragende und säugende Hündinnen haben einen erhöhten Bedarf an qualitativ hochwertigem Futter, denn bei der Ernährung der Hündin muss man den Bedarf der Welpen mit einrechnen. Füttern Sie mit Fertigfutter in Flockenform, dann können Sie Haferflocken untermischen. Sie sind milchfördernd und leicht verdaulich.

Auch der Kalziumbedarf einer säugenden Hündin steigt beträchtlich an. Viele Züchter geben daher nach Rücksprache mit dem Tierarzt gleich nach der Geburt und dann drei Wochen lang täglich Kalziumampullen, um der gefürchteten Eklampsie vorzubeugen.

Hecheln bedeutet beim Hund nicht immer Durst, sondern einfach Kühlung.

Zwergschnauzer bewegen sich auch im Alter noch gerne in freier Natur.

Dies ist eine durch Mineralienmangel hervorgerufene Erkrankung, die Krämpfe verursacht. Sie kann vor der Geburt oder bis ca. vier Wochen danach auftreten. Vorbeugend bekommt die Hündin daher während der Trächtigkeit und der Laktationszeit mineralstoffreiches Futter.

Die Welpen beginnen, je nach Wurfgröße, mit ca. drei Wochen, außer der Muttermilch breiiges Futter anzunehmen. Man bietet ihnen erst ein- bis zweimal täglich Welpenmilch, Welpenflocken und Dosenfutter für Welpen an, um die Mutterhündin zu entlasten. Nehmen die Kleinen den Brei gut an, erhöht man die Zahl der Mahlzeiten auf bis zu sechs am Tag – jeweils zu festen, regelmäßigen Fütterungszeiten. Im Alter von ca. sechs Wochen wird das Futter durch Erhöhung des Flockenanteils fester und bis zur neunten Lebenswoche auf vier Mahlzeiten pro Tag reduziert.

Ältere Hunde

Da der Bewegungsdrang nachlässt, haben ältere Hunde meist einen geringeren Energiebedarf und neigen bei normaler Fütterung zum Dickwerden. Eine Erkrankung ist nicht selten die Folge. Hier ist der Mensch gefordert, dem alternden Zwergschnauzer durch angepasste, vernünftige Fütterung den Lebensabend so angenehm und gesund wie möglich zu gestalten. Es gibt dafür im Zoohandel spezielles Seniorenfutter. Auch regelmäßige gemächliche Spaziergänge, die die Verdauung anregen und den Organismus mit Sauerstoff versorgen, sind für den älteren Hund empfehlenswert.

TIPP

Im Zoofachhandel gibt es spezielle, leicht verdauliche Seniorenkost, deren Zusammensetzung den geänderten Bedürfnissen im Alter angepasst ist.

Richtige Pflege

Richtige Pflege

Obwohl Zwergschnauzer zu den pflegeleichten Rassen gehören, benötigen sie zum Wohlbefinden natürlich ein gewisses Maß an Pflege. Einiges wird täglich nötig, manches in regelmäßigen Abständen.

▸ Augenpflege

Täglich, nach der morgendlichen Begrüßung, entfernt man dem Zwergschnauzer den sogenannten »Schlaf« aus den Augenwinkeln. Dieses Sekret ist trocken und lässt sich leicht mit einem weichen Papiertuch ausputzen. Stellt man dabei Veränderungen an den Augen fest, wie tränende Augen oder gerötete Lider, könnte eine Erkrankung der Augen vorliegen und Sie sollten den Tierarzt zu Rate ziehen.

▸ Ohrenpflege

In den Ohren befinden sich, vor allem bei den schwarzsilbernen Zwergschnauzern, sehr viele feine Haare, die beim Trimmen mit entfernt werden sollten. Das sollten Sie sich von einer Person mit etwas Erfahrung zeigen oder machen lassen, denn die Haare gehen tief in die Gehörgänge und es

Kopfstudie eines pfeffersalzfarbigen Zwergschnauzers

dürfen nur die abgestorbenen Haare entfernt werden, sonst kann es zu Entzündungen kommen.

Bitte putzen Sie nicht ständig mit feuchten Tüchern im Ohr herum. Sollte Ihr Hund unangenehm aus den Ohren riechen, sich an den Ohren kratzen oder ständig den Kopf schütteln, könnte eine Ohrenentzündung vorliegen oder Parasiten wie Milben der Grund sein. In diesem Fall sollten Sie sofort den Tierarzt aufsuchen und um Rat fragen. Eine verschleppte, chronisch gewordene Ohrenerkrankung kann schlimme Folgen haben.

▶ Zahnpflege

Der Pflege der Hundezähne wird heute mehr Bedeutung beigemessen, als es früher der Fall war. Züchter und Aussteller haben allerdings schon immer ein besonderes Interesse an gepflegten Zähnen ihrer Hunde gehabt, denn bei Austellungshunden wird natürlich auch eine Zahnkontrolle durchgeführt.

Einmal wöchentlich die Zähne auf Zahnstein prüfen, erspart dem Zwergschnauzer eine Zahnbehandlung beim Tierarzt, wofür normalerweise eine Narkose nötig ist. Selbst wenn beim Welpen noch kein Zahnbelag feststellbar ist, so dient die wöchentliche Kontrolle der Übung. Putzen Sie ruhig mal mit dem Finger oder einem feuchten Tuch über die Zähne des Welpen, dann findet er diese Prozedur später selbstverständlich. Das Zähneputzen wird häufig belächelt, dient aber der Zahnerhaltung und kann vom Zwergschnauzer leicht akzeptiert werden, wenn man das Zähneputzen in die tägliche Körperpflege einbezieht. Hierfür gibt es im Zoofachhandel spezielle Hundezahnbürsten.

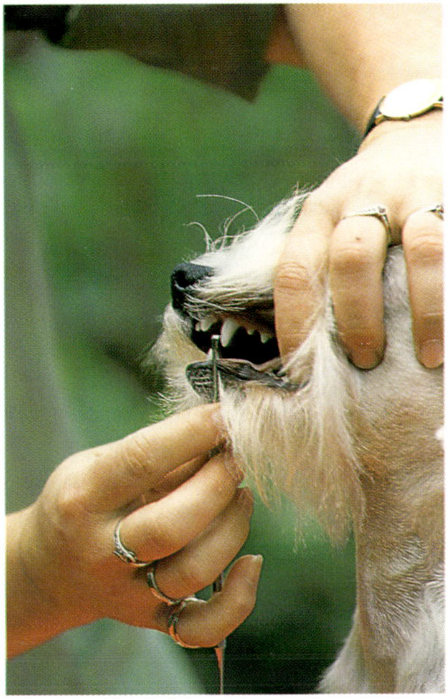

Regelmäßiges Zähnereinigen schützt vor Zahnverlust.

Ist der Zwergschnauzer an die Zahnkontrolle gewöhnt, lässt er sich Zahnstein mit einem Zahnsteinkratzer, manchmal sogar mit dem Fingernagel entfernen.

▶ Pfoten und Krallen

Beim Liebkosen Ihres Lieblings nehmen Sie immer wieder die Pfoten in die Hand, sehen sich die Ballen an und streicheln sie. Dabei stellen Sie auch fest, ob die Krallen gut abgelaufen sind. Ist das nicht der Fall, müssen Sie sich überlegen, ob Ihre Spaziergänge vielleicht zu wenig über festen Boden führen. Weicher Wald- und Wiesenboden ist zwar angenehm, aber unser Zwergschnauzer kann sich die Krallen nicht ablaufen, was zu Pfotenfehlstellungen wie Spreizpfoten führen kann.

Sie können nun zunächst versuchen, ob sich die Krallen beim Laufen über Asphalt oder Steinboden abschleifen.

Funktioniert das nicht, müssen die Krallen gekürzt werden. Dafür gibt es spezielle Krallenzangen im Zoofachhandel, mit denen vorsichtig nur die Spitze der Kralle gekürzt wird, damit keine Blutgefäße verletzt werden. Wenn Sie unsicher sind, können Sie sich das Krallenschneiden vom Züchter oder Tierarzt zeigen lassen.

In den Wintermonaten, vor allem wenn Schnee gefallen ist oder Glatteisgefahr besteht, wird häufig außer Salz auch Granulat gestreut. Dieses Granulat setzt sich beim Hund gerne zwischen die Zehen und kann sich sogar in die Ballen bohren. Pfotenverletzungen sind nicht selten die Folge. Das Salz reizt den Zwergschnauzer, an der Pfote zu lecken, was zu Magen-Darm-Problemen führen kann. Daher sollten Sie nach jedem Spaziergang die Ballen kontrollieren und ggf. das Salz abwaschen.

Bei Zwergschnauzern mit weicherem Haarkleid kann auch Schnee Schwierigkeiten bereiten, denn er setzt sich im Beinhaar fest und bildet Klumpen, was dem Hund sehr unangenehm ist. Mit warmen Wasser lässt sich der Schnee mühelos schmelzen und dem Hund ist dieses warme Fußbad angenehm.

TIPP

Kontrollieren Sie nach jedem Spaziergang die Pfoten. Schon dem Welpen können Sie angewöhnen, dass nach jedem Gassi-Gehen die Pfoten abgeputzt werden – ob sie schmutzig sind oder nicht. Zwergschnauzer, die diese Prozedur kennen, warten, bis die Pfoten sauber gemacht wurden und – viel wichtiger: sie lassen es sich gefallen.

Fellpflege

Die tägliche Fellpflege ist auch Gesundheitsvorsorge, denn durch das Bürsten werden kleinste Partikel, Schuppen und Parasiten entfernt. Die Durchblutung wird angeregt, das Haar bekommt einen gesunden Glanz und wird gekräftigt. Frühe Gewöhnung ist sehr wichtig.

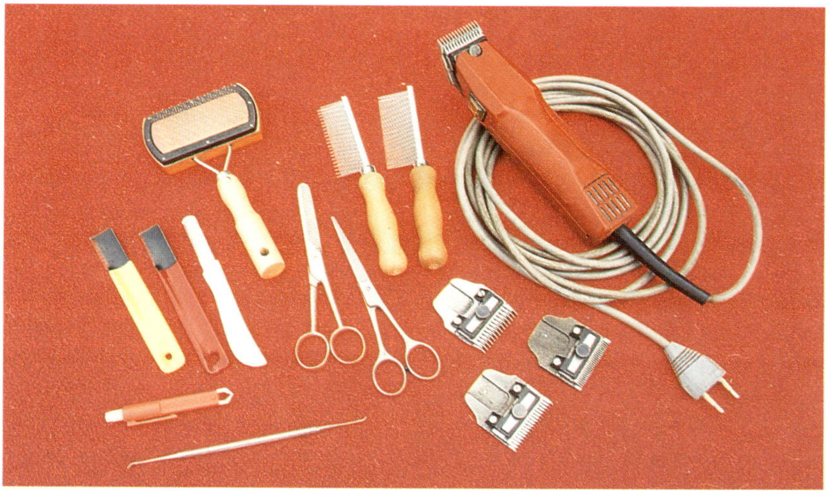

Diese Utensilien sind mindestens notwendig, um den Zwergschnauzer selber zu trimmen.

Der Bart wird ausgekämmt.

Sofort nach der Geburt werden die Zwergschnauzerbabys von uns in die Hand genommen und gestreichelt, kontrolliert, gewogen, gemessen usw. Tägliche Gewichtskontrolle und Streicheleinheiten gewöhnen die Kleinen an den Geruch des Menschen und sind der Beginn der täglichen regelmäßigen Körperpflege.

Sind die Welpen vier bis fünf Wochen alt, stellen wir sie auf den Tisch, bürsten den ganzen Körper und kämmen den Bart.

TIPP

Der Bart muss täglich gekämmt werden, besser noch jedes Mal, nachdem der Hund gefressen hat. Dafür benötigen Sie einen grob gezahnten Kamm mit runden Zinken. Flache Zinken ziepen zu sehr und ziehen Haare aus dem schönen Bart, was unserem Zwergschnauzer natürlich gar nicht gefällt.

Werden die Kleinen von ihrem neuen Besitzer abgeholt, empfehle ich, den jungen Zwergschnauzer täglich zu kämmen, dann gibt es mit dem erwachsenen Hund keine Probleme.

Trimmen

Zwergschnauzer gehören zu den Rassen, die getrimmt werden. Trimmen bedeutet, das Haar des Hundes in einen bestimmten Zustand zu bringen, also das Zurechtmachen des Hundes. Ca. 2- bis 4mal im Jahr wird dies nötig. Es kommt auf die Haarqualität an, wie häufig man mit seinem Zwergschnauzer zum Trimmen muss. Sie sollten sich beim Züchter nach einem erfahrenen Schnauzertrimmer erkundigen, denn nicht jeder, der Hunde trimmt, ist in der Lage, einen Zwergschnauzer standardgemäß zurecht zu machen.

Eventuell macht Ihnen diese Tätigkeit auch Spaß und Sie überlegen sich, ob Sie Ihren Liebling selber trimmen möchten. Dafür benötigen Sie ebenfalls einen erfahrenen Schnauzertrimmer. Dieser kann Ihnen einige Tricks zeigen, damit Sie nicht alle Erfahrungen alleine machen müssen und Ihr Zwergschnauzer immer gepflegt ist.

Damit der Zwergschnauzer später beim Trimmen nicht aggressiv oder ängstlich auf dem Tisch steht, muss er schon sehr früh an den Tisch und die Körperpflege gewöhnt werden. Welpen werden von uns schon im Alter von fünf Wochen an den Tisch gewöhnt. Mit ungefähr vier Monaten hat der Hund ein Langzeitgedächtnis und merkt sich sehr gut, wenn das Trimmen für ihn angenehm war. Einigen merkt man ein gewisses Wohlbehagen an, sie schlafen sogar ein oder dösen vor sich hin und genießen die Körperpflege.

Im Gegensatz dazu stehen die sog. »Wattebäuschchen«. Die Pflege dieser weichhaarigen Zwergschnauzer ist komplizierter, als es von unserer Rasse bekannt ist. Anfänger sind oft enttäuscht, wenn sie ihren tollen Zwergschnauzer ständig zum Trimmen bringen müssen und er vielleicht nicht immer so aussieht, wie sie es auf Ausstellungen gesehen und sich vorgestellt hatten.

SCHWARZSILBER ▸ Diese sehr attraktive Farbvariante der Zwergschnauzer entwickelte sich aus den Pfeffersalzfarbenen. Häufig sieht man, wie beim schwarzen Zwergschnauzer, braune Unterwolle, die mit dem Trimm-Messer entfernt werden muss. Früher dachte man, nur durch Zupfen der reifen Haare die schwarzen drahtigen Deckhaare erhalten zu können. Heute weiß man: Wenn die Haare drahtig sind, werden

Pflege-Kalender

täglich

- [ ] Augenwinkel auswischen
- [ ] nach jedem Fressen den Bart kämmen
- [ ] nach dem Spaziergang Pfoten und Ballen kontrollieren
- [ ] Bürsten und Fell auf Parasiten und Veränderungen kontrollieren
- [ ] Ohren kontrollieren

wöchentlich

- [ ] Zähne kontrollieren
- [ ] Krallen kontrollieren und ggf. kürzen

vierteljährlich

- [ ] Trimmen
- [ ] Entwurmen oder Kotprobe vom Tierarzt untersuchen lassen

jährlich

- [ ] Gesundheits-Check beim Tierarzt
- [ ] Impfungen auffrischen lassen

sie auch durch korrektes Scheren nicht weich oder grau. Allerdings sollten Sie einmal wöchentlich mit dem Trimm-Messer die Unterwolle entfernen.

WEISS ▸ Da das Haar der weißen Zwergschnauzer keine weißen Farbpigmente enthält, sondern farblos ist, sollte diese Varietät der Zwergschnauzer nicht mit dem Messer getrimmt werden. Das Trimmen mit dem Messer verursacht am verbleibenden Haar mikroskopisch kleine Kratzer, wo sich dann sogenannter Umweltschmutz ablagern kann. Unsere Hände haben zum Beispiel einen Fettfilm, und das Toben in Wald und Feld verschmutzt das angekratzte Haar ebenfalls. So erscheint der weiße Hund mit der Zeit gelblich. (Achtung: Heißgelaufene Maschinen können die gleichen unerwünschten Folgen haben.)

Zwergschnauzer werden immer gegen den Haarwuchs geschoren, damit die Haarstruktur einigermaßen erhalten bleibt.

Die Pinscher- und Schnauzerfamilie sah auch vor über 100 Jahren schon sehr gepflegt aus, ohne aufwendig frisiert worden zu sein.

Ich habe immer mal zwischendurch einen jungen, hervorragend weißen Zwergschnauzer mit dem Trimm-Messer getrimmt und musste feststellen, dass er nach einiger Zeit gelblich wurde. Es gibt allerdings auch weiße Zwergschnauzer, die genetisch einen gelben Aalstrich haben, den bekommt man durch das Kürzen der Haare mit der Maschine auch nicht weg. Eine Möglichkeit, den weißen Zwergschnauzer ohne Trimm-Maschine zu kürzen, ist, das abgestorbene reife Haar mit den Fingern zu zupfen.

TIPP

Bei allen Varietäten sollte man die Haare am Kopf, an der Kehle, an den Ohren, am Bauch und an den Innenseiten der Schenkel immer mit der Schermaschine kürzen, da Hunde an diesen Stellen sehr empfindlich sind.

BADEN ▸ Zwergschnauzer benötigen keine regelmäßigen Schaumbäder, um sich wohl zu fühlen! Ganz im Gegenteil: durch das regelmäßige Baden verliert das Haar seine natürliche Schutzschicht. Infolgedessen verschmutzt das Haar umso leichter und der Hund müsste umso häufiger gebadet werden.

Natürlich ist ein stinkender Hund, der sich auf einem toten Fisch gewälzt hat, nicht zu ertragen und muss in diesem Fall gebadet werden. Bitte verwenden Sie dafür ein spezielles, rückfettendes Hundeshampoo aus dem Zoofachhandel und achten Sie darauf, dass kein Schaum in Augen und Ohren dringen kann.

Achtung: Frisch gebadete Zwergschnauzer nutzen jede Gelegenheit, um diesen für sie unangenehmen Geruch loszuwerden und wälzen sich danach besonders gerne in für uns unangenehm riechenden Dingen wie Kuhmist o.ä.

So wird der Zwergschnauzer getrimmt.

Rundum gesund

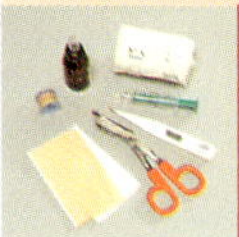

Rundum gesund

Mit der Domestikation, also der Zähmung und Entwicklung des Wolfes zum Haushund, übernahmen die Menschen gleichzeitig die Verantwortung für dieses Mitgeschöpf. So haben wir seine Versorgung mit Nahrung zu sichern, es seinen Bedürfnissen entsprechend unterzubringen und zu beschäftigen. Besonders seine Gesundheit muss uns am Herzen liegen. Gesundheit ist nichts anderes als der Zustand vollkommenen körperlichen, geistigen und sozialen Wohlbefindens – nicht nur das Nichtvorhandensein von Krankheiten oder Gebrechen.

Aus der Liebe zum Tier erwächst das Verständnis für seine Leiden. Dem aufmerksamen Beobachter fällt sofort auf, wenn mit seinem Zwergschnauzer etwas nicht stimmt. Diese Hunderasse ist hart im Nehmen und leidet oft leise. Sie kann aber auch gut schauspielern. Wenn ein Zwergschnauzer zum Beispiel einmal eine Verletzung an der Pfote hatte, versucht er von Zeit zu Zeit, durch Pfoteheben auf sich aufmerksam zu machen. Solche Schelme kann man schnell durchschauen, wenn man zum Beispiel einen Ball wirft und der Hund sofort ohne Probleme hinter dem Ball herrennt. Liegt er aber leidend und desinteressiert auf seinem Lieblingsplatz und lässt sich durch nichts zum normalerweise heiß geliebten Spaziergang locken, kann man von einer ernsten Erkrankung ausgehen. In diesem Fall sollten Sie sofort den Tierarzt um Rat fragen.

Damit unsere Hunde gesund bleiben, beugen wir bekannten Erkrankungen vor, zum Beispiel durch Impfungen.

Parasiten können unserem Zwergschnauzer das Leben unangenehm machen, und wir sollten dafür sorgen, dass diese Schmarotzer keine Chance bekommen.

Erblich bedingte Erkrankungen sind beim Zwergschnauzer zum Glück sehr selten. Trotzdem möchte ich in diesem Kapitel auf die Patellaluxation und die Epilepsie eingehen.

Zwergschnauzer sind nicht vor Verletzungen gefeit, und so finden Sie hier einige Tipps zur Selbsthilfe. Es ist jedoch sehr wichtig, dass Sie harmlose Unpässlichkeiten von ernsten Erkrankungen, die den unverzüglichen Tierarztbesuch nötig machen, unterscheiden.

Übrigens ist ein stumpfes Fell grundsätzlich ein Zeichen, dass mit Ihrem Zwergschnauzer etwas nicht in Ordnung ist. Im Zweifelsfall sollten Sie immer den Rat Ihres Tierarztes suchen.

Bei der Diagnose von schweren, lebensbedrohlichen Erkrankungen empfehle ich, den Rat eines weiteren Kollegen einzuholen.

Sie finden »Ihren« Tierarzt durch Gespräche mit anderen Hundeliebhabern. Oder fragen Sie den Züchter Ihres Hundes: eventuell kennt er einen Tierarzt in Ihrer Nähe oder kann sich über andere Züchter einen empfehlen lassen. Vielleicht finden Sie auch den richtigen Tierarzt während eines Spaziergangs mit Ihrem Hund.

Haben Sie in Ihrer Nähe einen guten Tierarzt gefunden, so versuchen Sie nicht ständig, einen noch besseren ausfindig zu machen. Wenn Ihr Tiermediziner den Hund und Sie kennt, kann er leichter Diagnosen stellen und die Symptome bekämpfen.

TIPP

Legen Sie die Rufnummer Ihres Tierarztes in die Nähe Ihres Telefons, damit Sie im Notfall keine kostbare Zeit vergeuden.

Wenn ein Praxisbesuch ansteht, sagen Sie dem Hund bitte nicht ständig, dass er keine Angst zu haben braucht. Das macht ihn erst auf die ungewohnte Situation aufmerksam, und er verhält sich unsicher. Gehen Sie mit ihm zum Tierarzt, als ob sie in die Stadt, in den Park, in den Wald oder Bekannte besuchen gehen.

Unsere eigenen Zwerge gehen ohne Bedenken und voller Vertrauen in die Tierarztpraxis und lassen auch unangenehme Berührungen ohne Probleme zu.

Impfungen

Die erste Grundimpfung des Welpen muss der Züchter in der sechsten bis achten Lebenswoche vornehmen lassen. Bis zu diesem Zeitpunkt bekommen die Welpen mit der Muttermilch einen gewissen Schutz durch Antikörper, wenn das Muttertier geimpft wurde.

Den Impfpass bekommen Sie vom Züchter, wenn Sie den ca. zehn Wochen alten Welpen abholen. Die zweite Grundimpfung wird dann ab der zwölften Lebenswoche von Ihrem Tierarzt verabreicht.

Impftabelle

Alter	*Impfung gegen*
6–8 Wochen	SHLP
12 Wochen	SHLP, Tollwut
16 Wochen	event. SHLP
Jährlich wiederholen	Tollwut
Jährlich oder zweijährlich wiederholen	SHLP

Das richtige Impfalter der Welpen hängt auch von dem verwendeten Impfstoff und den Empfehlungen der Pharmafirmen ab. Stellen Sie also Ihren kleinen Familienzuwachs in den ersten Tagen, nachdem Sie ihn beim Züchter abgeholt haben, dem Tierarzt vor und sprechen Sie das Impfschema mit ihm ab. Vergessen Sie den Impfpass nicht, und lassen Sie sich gleich einen Termin für die Impfungen geben. So können Sie sicher sein, dass der Neuankömmling durch die Grundimmunisierung ausreichend gegen im Extremfall tödlich verlaufende Infektionskrankheiten geschützt ist.

STAUPE ▸ Staupe wird, wie die menschliche Grippe, durch Kontaktinfektion übertragen. Es werden drei Formen unterschieden: die Darmstaupe mit Durchfall, die Lungenstaupe mit Lungenentzündung und die nervöse Staupe mit Zuckungen und Lähmungen. Fieber, tränende Augen, laufende Nase und Appetitlosigkeit sind Symptome dieser Erkrankung. Erwachsene Hunde erkranken ebenso wie Welpen. Glücklicherweise konnte diese Krankheit dank der Impfungen stark zurückgedrängt werden.

HEPATITIS CONTAGIOSA CANIS (HCC) ▸ Diese ansteckende Leberentzündung des Hundes wird, wie die Staupe, durch Viren im Kontakt von Tier zu Tier übertragen und zeigt auch ein ähnliches Krankheitsbild.

LEPTOSPIROSE ▸ Die Stuttgarter Hundeseuche oder Leptospirose wird durch stehende Gewässer oder von Hund zu Hund übertragen. Die Erreger sind spiralförmige Bakterien, die Nierenentzündung, Hirnhautentzündung oder eine Harnvergiftung des Blutes verursachen.

Achtung: In seltenen Fällen können die Leptospiren des Hundes (L. canicola) beim Menschen Gelbsucht verursachen und somit gefährlich werden.

PARVOVIROSE ▸ Diese gefürchtete Welpenerkrankung wird wegen der Erregerverwandtschaft zwischen Parvoviren und Katzenseuche-Viren (Panleukopenie) auch als Katzenseuche bezeichnet. Diese Virusinfektion kann durch Kot, Urin oder Speichel übertragen werden. In den Wintermonaten erhöht sich die Ansteckungsgefahr. Heftiges Erbrechen und massive wässrige Durchfälle können bei ungünstigem Verlauf innerhalb weniger Stunden zum Tod des Hundes führen.

TOLLWUT ▸ Die Tollwut zählt ebenfalls zu den Viruserkrankungen und wird von Wildtieren auf den Hund übertragen. Erkrankte Hunde sind nicht mehr fähig, Wasser aufzunehmen (Krämpfe und Lähmungen im Zungen- und Unterkieferbereich) und können Schaum vor der Schnauze haben. Da diese tödlich verlaufende Krankheit auch auf Menschen übertragbar und einfach nicht auszurotten ist, ist gesetzlich vorgeschrieben, dass wir unsere Hunde (ebenso Katzen, Pferde u.a.) durch eine jährliche Impfung schützen.

ZWINGERHUSTEN ▸ Diese Viruserkrankung ist nicht nur bei Zwingerhunden zu finden, sondern auch bei Hunden, die im Bett schlafen. Allerdings ist die Ansteckungsgefahr in Tierheimen, Zwingeranlagen, bei Ausstellungen und in Vereinen, wo viele Hunde zusammenkommen, größer.

Lange Zeit barg eine Impfung die Gefahr vieler Nebenwirkungen; das Risiko, dass der Hund erkrankt, war nicht so groß, dass man diese Nebenwirkungen in Kauf nahm. Heute sind verträglichere Impfstoffe verfügbar, so dass die Welpen nun eine Impfkombination inklusive Zwingerhusten bekommen.

IMPFSCHEMA ▸ Gegen die genannten Infektionskrankheiten besteht die vorbeugende Möglichkeit der kombinierten Schutzimpfung. Der Impfstoff gegen Staupe, Hepatitis, Leptospirose, Parvovirose, Zwingerhusten und Tollwut, deren Krankheitsverlauf ein tödliches Ende nehmen könnte, wird in einer Spritze verabreicht.

Welpen bekommen Schutz für die ersten Lebenswochen durch Antikörper in der Muttermilch.

Alle Zwergschnauzer müssen laut den Zuchtbestimmungen des PSK beim Züchter zwischen der sechsten und achten Lebenswoche (vor der Abnahme durch den Zuchtwart und der Abgabe ins neue Rudel) mindestens einmal gegen SHLP geimpft sein. Die zweite Impfung kann ab dem Alter von 12 Wochen gegeben werden. Gleichzeitig oder kurz danach sollte eine Schutzimpfung gegen Tollwut erfolgen. Jährlich müssen die Impfungen »aufgefrischt« werden (siehe Impftabelle Seite 57).

▸ Würmer

Die Entwurmung der Hunde ist auch für uns Menschen sehr wichtig. Das enge Zusammenleben mit evtl. wurmbefallenen Tieren könnte bei uns zur Zystenbildung führen (vor allem in der Leber und im Gehirn). Sollte sich diese Zyste z.B. im Auge befinden, wird der Mensch erblinden. Kinder haben oft sehr engen Kontakt zum Hund, manchmal wird sogar heimlich das Essen geteilt. So besteht ein gewisses Gesundheitsrisiko, weshalb die Eltern besonders auf die Hygiene achten sollten: regelmäßig, insbesondere vor dem Essen, die Hände waschen und sich nicht vom Hund das Gesicht ablecken lassen!

Es stehen verschiedene wirksame Entwurmungsmittel zur Verfügung, vor allem gegen Spul-, Haken-, Peitschenwürmer, verschiedene Bandwürmer und Echinokokken. Beim Tierarzt sind Wurmkuren als Tabletten, Pasten o.ä. erhältlich.

Da Welpen ihre Nase in jede interessante Geruchsquelle stecken, empfiehlt sich eine regelmäßige Wurmkur.

Optimal ist, wenn tragende Hündinnen zehn Tage vor der Geburt und, zusammen mit den Welpen, 14 Tage danach entwurmt werden. Denn Spulwurmlarven können über die Blutgefäße der Gebärmutter in den Blutkreislauf der Welpen gelangen.

Da Welpen ihre Nasen noch überall hineinstecken und somit ein erhöhtes Infektionsrisiko haben, empfiehlt sich, bis zum Alter von vier Monaten häufiger zu entwurmen. Danach können Sie alle drei Monate durch den Tierarzt den Kot auf Wurmeier untersuchen lassen und nötigenfalls gezielt entwurmen. So kann man ziemlich sicher sein, dass der Zwergschnauzer keine Würmer hat.

BANDWÜRMER ▶ Durch verfütterte Schlachtabfälle, durch befallene Flöhe, aber auch durch gegenseitiges Belecken in der Umgebung des Afters können sich Hunde mit Bandwürmern infizieren. Mit dem Kot scheiden sie dann die Bandwurmeier aus: der Kot sieht aus, als ob er mit Reiskörnern gespickt wäre. Spätestens jetzt ist eine Bandwurmkur fällig.

Auch Menschen können sich durch Aufnahme der Bandwurmeier infizieren. Allerdings bekommen sie häufiger durch den Genuss von rohem Fleisch Bandwürmer, als über den Zwischenwirt Hund.

Der Fuchsbandwurm (Echinococcus) kann auch für Menschen zur tödlichen Gefahr werden. Vor allem Kinder müssen daher im Umgang mit dem Hund gewisse Hygieneregeln beachten.

▶ Ektoparasiten

Jeder noch so gepflegte Zwergschnauzer bringt irgendwann einmal Parasiten mit nach Hause.

FLÖHE ▶ Kratzt und beißt sich Ihr Zwergschnauzer auffallend häufig oder hat er hartnäckige Hautekzeme, könnten Flöhe die Ursache sein. Kleine schwarze Krümel (Flohkot) im Fell Ihres Hundes und charakteristische Flohstiche weisen auf Flohbefall hin.

Flöhe saugen über den in die Haut gestochenen Rüssel Blut. Ein blutgerinnungshemmender Stoff, den der Floh

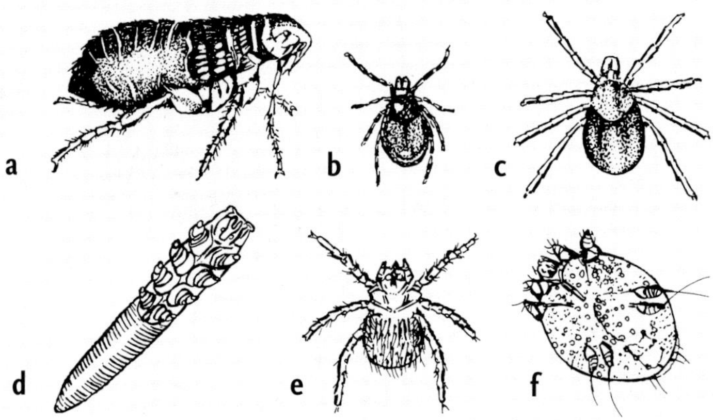

Hautparasiten
a Hundefloh
b Zeckenmännchen
c Zeckenweibchen
d Haarbalgmilbe
e Herbstgrasmilbe
f Grabmilbe

beim Stechen in die Blutbahn abgibt, verursacht dabei Juckreiz.

Flöhe benötigen für eine Mahlzeit zwischen 20 Minuten und drei Stunden und halten sich nur zum Stillen ihres Hungers am Wirt auf. Ansonsten bzw. während ihrer Entwicklung leben sie in der Umgebung des Hundes (Decke, Teppich, Ritzen usw.).

Bei der Bekämpfung der Flöhe muss daher das Umfeld mit gereinigt werden. Sehen Sie fünf Flöhe auf Ihrem Hund, so könnten sich noch 95 Flöhe im Teppich oder Körbchen befinden! Meistens findet man allerdings einen frisch eingeschleppten Floh.

TIPP

Staubsauger, wirkungsvolle Reinigungsmittel und aufmerksame Hundebesitzer sind die größten Feinde dieser Parasiten.

Flöhe haben einen schmalen, gepanzerten Körper, mit dem sie sich sehr schnell im Fell fortbewegen können. Sie springen hoch und weit. Flohspeichel kann übrigens beim Hund und beim Menschen allergische Reaktionen hervorrufen.

ZECKEN ▸ Nach Waldspaziergängen (insb. im Gebüsch an Waldrändern), vor allem von März bis Oktober, kann man ein Millimeter großes Tierchen mit acht Beinen auf dem Hund beobachten. Diese Zecken, deren wichtigster Vertreter bei uns der Holzbock ist, bohren ihre Saugwerkzeuge in die Haut von Mensch und Säugetier und verdünnen das Blut mit einem Sekret, um es besser aufnehmen zu können.

Nach der Mahlzeit, die bis zu einigen Tagen dauern kann, ist das satte Zeckenweibchen nun erbsengroß (bis zum Zweihundertfachen des Körpergewichtes) und lässt sich vom Wirtstier fallen. Nur weibliche Zecken saugen sich so voll.

Finden Sie eine Zecke an Ihrem Zwergschnauzer, sollten Sie diese sofort entfernen, bevor sie Schaden anrichten kann. Denn in einigen Gebieten (insbesondere südliches Baden-Württemberg, Bayern, Österreich, Schweiz) kann durch den Holzbock Hirnhautentzündung (FSME) oder Borreliose auf Menschen und Haustiere übertragen werden. Daher ist eine Impfung empfehlenswert. Fragen Sie Ihren Tierarzt.

Die Zecke muss unbedingt ganz entfernt werden, mitsamt Kopf und Mundwerkzeugen, damit es keine Entzündungen gibt. Praktische Zeckenzangen erhalten Sie im Zoofachgeschäft.

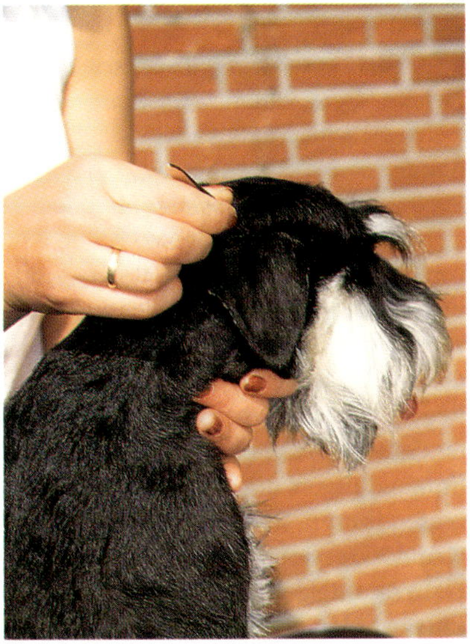

Auch der gepflegteste Hund hat mal eine Zecke, die man schnellstmöglich mit einer Zeckenzange entfernen sollte.

mittel, Medikamente, Säuren, giftige Pilze und Pflanzen, Autoabgase, vergiftete Tiere, verdorbenes Fleisch und auch Rattengift. Die Anzeichen für eine Vergiftung können sehr unterschiedlich sein. Haben Sie einen Verdacht oder gar gesehen, welche Ursache vorliegt, hat Ihr Zwergschnauzer eine gute Chance zu überleben. Unbedingt die Substanz, Reste davon bzw. Verpackungen zum Tierarzt mitnehmen (vor allem bei Medikamenten, Pflanzen, Säuren usw.).

Die Verwechslungsgefahr mit anderen Erkrankungen ist sehr groß. Denn Anzeichen wie Erbrechen, Durchfall, Krämpfe usw. können auch auf andere Krankheiten hinweisen. Auf jeden Fall schnellstmöglich zum Tierarzt!

Beobachten Sie Ihren kleinen Kerl also immer gut, dann vermeiden Sie einige unliebsame Schwierigkeiten und retten ihm damit vielleicht das Leben.

▸ Krankenpflege

FIEBER MESSEN ▸ Durch das Messen der Körpertemperatur können Sie sicher feststellen, ob Ihr Zwergschnauzer ernsthaft erkrankt ist. Ein kalter oder warmer Nasenspiegel ist nämlich abhängig von der Raumtemperatur und der Luftfeuchtigkeit und somit wenig aussagekräftig. Auch Hunde mit trockener Nase können kerngesund sein!

Vor dem Fiebermessen sollte der Hund zur Ruhe gekommen sein, da Anstrengungen die Temperatur erhöhen können (schon eine geringe Aufregung oder »Stress« genügt).

Die Körpertemperatur des Hundes wird im After gemessen, indem man das eingefettete Fieberthermometer vorsichtig bis zu einem Drittel seiner Länge einführt. Heute gibt es schon Thermometer, die sekundenschnell die Temperatur anzeigen. Die Normaltemperatur eines Hundes liegt bei ca. 38–38,5 °C.

Regelmäßige Bewegung hält gesund und fit.

MEDIKAMENTE EINGEBEN ▶ Manchmal ist es nötig, dass dem Zwergschnauzer Tabletten, Tropfen oder Pulver verabreicht werden müssen. Mischen Sie diese ins Futter, kann Ihr Zwergschnauzer es verweigern, weil er über seinen hervorragend ausgeprägten Geruchssinn natürlich das Medikament wahrnimmt.

Wohlschmeckende Flüssigkeiten können Sie dem Trinkwasser beimischen; aber zeigen Sie dem Hund nicht die Medizinflasche, denn schon ihr Anblick könnte bewirken, dass er um keinen Preis mehr etwas annehmen will.

Tabletten versteckt man in Hackfleischkügelchen oder Leberwurst. Es empfiehlt sich, große Tabletten vorher zu zerkleinern. Verweigert der Hund jegliches Futter aus Appetitlosigkeit, so bleibt Ihnen nichts anderes übrig, als das Medikament weit nach hinten in den Rachenraum auf die Zunge zu legen. Öffnen Sie dazu den Fang, indem Sie mit der linken Hand den Oberkiefer umfassen, mit Daumen und Zeigefinger die Lefzen leicht an die Backenzähne pressen und mit der rechten Hand den Unterkiefer herabdrücken. Der Hund kann den Fang nicht schließen, wenn Sie den Druck etwas verstärken. Legen Sie die Tablette weit nach hinten in den Fang, so lösen Sie einen Schluckreflex aus: der Hund muss die Tablette abschlucken, nachdem Sie den Fang losgelassen haben und der Hund ihn verschließen kann. Das Reiben an der Kehle kann ebenfalls einen Schluckreflex auslösen.

▶ Kastration

Das ist ein Thema für sich. Über die USA rollt eine regelrechte Unfruchtbarmachungswelle hinweg. Dort werden auf Wunsch der Hundehalter und aus falsch verstandenem Tierschutz schon Welpen kastriert.

Natürlich sind unvernünftige Hundehalter das Problem, denn sie lassen ihre Hunde frei umherstreifen und wissen oft gar nicht, wie die Läufigkeit einer Hündin abläuft.

Auch bei uns besteht in dieser Hinsicht noch Aufklärungsbedarf. Wenn die Hündin kaum noch geröteten Ausfluss hat, denkt man, die Hitze sei vorüber. Falsch! Gerade jetzt sind die Hündinnen willig und aufnahmefähig und können die meisten Welpen bekommen. Wurde die Hündin schon belegt, denken einige Leute, dass ein nochmaliges Belegen nicht funktioniert. Weit gefehlt: Hündinnen können in einem Wurf sogar Welpen von verschiedenen Rüden zur Welt bringen.

Eine Hündin, nur weil sie zweimal im Jahr heiß wird, oder einen Rüden, weil er unruhig wird, wenn er heiße Hündinnen wittert, kastrieren zu lassen, halte ich für bedenklich. Der operative Eingriff kann bei Katzen meist komplikationslos durchgeführt werden, beim Hund ist er wegen der Anatomie der betreffenden Organe vor allem bei der Hündin etwas aufwendiger.

Rüden und Hündinnen können sterilisiert oder kastriert werden. Die Sterilisation verhindert bei Hündinnen nur die Trächtigkeit, aber nicht die Läufigkeit. Denn es werden die Eileiter bzw. beim Rüden die Samenstränge unterbunden oder auch durchtrennt. Bei der Kastration werden beim Rüden die Hoden und bei der Hündin die Eierstöcke entfernt.

Bitte konsultieren Sie vor solch einem Eingriff immer verschiedene Tierärzte und lassen Sie sich gründlich beraten. In wenigen Fällen kann nach der Kastration einer Hündin Harninkontinenz auftreten.

Der alternde Hund

Zwergschnauzer gehören glücklicherweise zu den Rassehunden, die dank ihrer ausgezeichneten Kondition und Konstitution ein sehr hohes Alter erreichen können. Ich kenne Zwergschnauzer im Alter zwischen 12 und 17 Jahren, die sich offensichtlich noch sehr wohl fühlen. Eine typische Eigenschaft des Zwergschnauzers ist die Spielfreudigkeit bis ins hohe Alter.

Leider wird aber auch der Zwergschnauzer älter, und wir müssen uns nun besonders um ihn kümmern. Unsere Zwergschnauzer kennen uns meist besser als wir uns selber und versuchen, uns alles recht zu machen. Allerdings wissen sie auch, was sie ungestraft mit uns anstellen können und entwickeln einen gewissen Altersstarrsinn. Oft denken wir Menschen: »Na ja, unser Alter hört nun schlechter«, dabei will er eventuell manches gar nicht hören.

Auch wir wissen genau, was unserem Begleiter gefällt und womit wir ihm eine Freude machen können. Damit meine ich nicht etwa Leckerchen, sondern welche Beschäftigung unserem älteren Zwerg am meisten Spaß macht oder welche Spazierwege er gerne mit uns geht usw.

Da Hunde sich ab einem gewissen Alter nicht mehr so viel bewegen, wie sie es als junge Zwergschnauzer als Selbstverständlichkeit forderten, müssen wir aufpassen, dass sie nicht zu dick werden. Das kann zu schweren Erkrankungen wie Herzverfettung führen und das noch verbleibende Leben unseres alten Freundes unnötig erschweren, ja sogar verkürzen.

Mit dem Alter kommen auch beim Zwergschnauzer so manche Wehwehchen. Vielleicht stellt man ziemlich plötzlich fest, dass es unserem »Alten« an einigen Tagen nicht so gut geht. Er weigert sich, uns auf gewohnte längere Spaziergänge zu begleiten, oder frisst nicht wie gewohnt. Manchmal sind schlechte Zähne oder Zahnfleischentzündungen für ein schlechtes Allgemeinbefinden verantwortlich. Sehen Sie doch mal in die Schnauze und stellen Sie den Senior regelmäßig dem Tierarzt vor.

Man kennt seinen alten Gefährten so gut, aber aus verständlichem Egoismus will man schwere Leiden des alternden Lieblings nicht wahrhaben. Die Angst, ihn zu verlieren, überwiegt die vernünftige Überlegung, ihn von seinen Leiden zu erlösen. Die Leidensfähigkeit der Schnauzer gaukelt uns allerdings manchmal vor, dass sie noch keine Schmerzen haben. Sie leiden still vor sich hin. Doch gerade weil man seinen alten Zwergschnauzer so sehr liebt, muss man zusammen mit dem Tierarzt diese schwere Entscheidung zu Gunsten des Hundes treffen. Am besten wäre es, wenn der Tierarzt ins Haus kommen kann, um unseren Freund in vertrauter Umgebung von seinen Leiden zu erlösen.

Sieht man den Abschied als den Beginn einer schönen Erinnerung, so wird der geliebte Freund nicht vergessen und man muss kein schlechtes Gewissen haben, wenn man sich einen anderen Begleiter ins Haus holt. Der »Neue« soll und kann auf gar keinen Fall den »Alten« ersetzen, sondern nur wieder Freude und Leben in unseren Alltag bringen.

Erziehung leicht gemacht

Erziehung leicht gemacht

Die Methoden zur Hundeerziehung haben sich in den letzten Jahren verändert: an die Stelle von Härte und Strafen sind Verständnis, hundegerechte Mittel der Verständigung und ein hohes Maß an Geduld getreten – eine wichtige Voraussetzung für den Erfolg in der Hundeerziehung. Durch Loben und Spielen ist der Zwergschnauzer besonders motiviert und hat noch mehr Spaß an den Erziehungsübungen.

Bei der Erziehung stellen wir Verknüpfungen her, indem wir dem Zwergschnauzer von uns unerwünschtes Tun unangenehm und korrektes Handeln sehr angenehm gestalten. Streicheln und Leckerchen sind für den Hund angenehm, aber kurzes Ziehen an der Leine oder eine laut neben dem Hund auf den Boden fallende Wurfkette sind unangenehm. Auch das, was wir sagen, kann angenehm oder unangenehm für den Hund sein: Beim Loben sprechen wir freudig, hoch und langgezogen. Beim Tadeln wird unser Tonfall drohend, kurz und energisch. So erkennt der Hund schnell den Unterschied.

Häufig höre ich den Satz: »Ein so kleiner Hund muss doch nicht so gut hören, wie ein großer.« Das ist falsch. Denn stellen Sie sich einmal vor, der Kleine läuft auf die Straße und hört nicht auf Sie, wenn Sie ihn rufen. Ein Wagen muss dem Hund ausweichen und fährt in den Graben... Betrachten Sie die Erziehung aus dieser Perspektive, werden Sie sicher auch der Meinung sein, dass Ihr kleiner Zwergschnauzer ruhig etwas gehorsam sein sollte, zumal ihm Lernen grundsätzlich viel Spaß bereitet. Und mit etwas Geduld kann man dem kleinen Kerl einiges beibringen.

TIPP

Auch wenn Ihr Zwergschnauzer noch so gut gehorcht, sollten Sie unbedingt eine Hundehalter-Haftpflichtversicherung abschließen!

Sofort beginnen

Sobald Sie mit Ihrem Familienzuwachs nach Hause kommen, sollten Sie sofort mit der Erziehung beginnen. Denn alles, was Sie beim Welpen noch lustig finden und tolerieren, werden Sie vielleicht beim erwachsenen Zwergschnauzer ablehnen. Daher sollten Sie dem Welpen nichts erlauben, was der erwachsene Hund später nicht tun darf.

Es ist viel schwieriger, ihm ein Verhalten wieder abzugewöhnen, als es von vornherein zu unterbinden.

Es mag zwar witzig sein, wenn ein winziger Welpe fremde Leute oder andere Hunde anbellt. Er muss aber lernen, unbefangen auf Menschen zuzugehen bzw. mit anderen Hunden »richtig« zu kommunizieren. Ist er erstmal erwachsen und hat den Umgang mit Hunden nicht gelernt, kann es zu Problemen kommen.

Erziehungstipps

- Feste Zeiten für die regelmäßigen Übungen sind sinnvoll.
- Üben Sie pro Einheit nicht zu lange, sonst verliert der Zwergschnauzer das Interesse, lernt schlechter und ist nicht mehr ausreichend motiviert.
- Schließen Sie jede Einheit mit einer Übung ab, die Ihr Hund schon gut kann, so dass er ein Erfolgserlebnis hat.
- Wiederholen Sie alle Lektionen regelmäßig, um das Gelernte zu festigen.

Nehmen Sie Ihren kleinen Hund also nicht ständig auf den Arm, wenn Sie beim Spaziergang einem anderen Hund begegnen. Sie verschlimmern die Situation nur. Denn der Kleine fühlt sich durch Sie stark und kläfft andere Hunde von oben herab an. (Und sollte es einmal zu einer Beißerei kommen, bieten Sie dem anderen Hund ein gutes Ziel und nehmen Ihrem Zwergschnauzer jede Chance, zu entkommen.) Bitte denken Sie immer daran, dass rauflustige Hunde nicht geboren werden, sondern falsch oder gar nicht erzogen wurden. Also lassen Sie den Zwergschnauzerwelpen mit anderen Hunden und Menschen Kontakt aufnehmen: So lernt er die Hundesprache und die verschiedenen Gesten der Menschen kennen, damit er sich auch später in unserer Welt zurechtfinden kann.

Welpenschutz

Welpen bis zu einem Alter von ca. sechs Monaten genießen noch den sogenannten Welpenschutz. Das heißt, andere, normal entwickelte Hunde erkennen den Hund als Welpen und werden ihm in der Regel nichts tun. Sie haben eine Beißhemmung und weichen dem Welpen aus, wenn er ihnen zu lästig wird.

Grenzen setzen

Damit nun das Zusammenleben mit dem Zwergschnauzer harmonisch wird, sollten Sie sich – am besten schon vor der Anschaffung – überlegen, was der Hund darf und was Sie ihm verbieten wollen. An diese Grundregeln sollten sich dann alle Familienmitglieder halten.

Da der Zwergschnauzer ein Hund mit rauer Schale und weichem Herz ist, müssen Sie sehr konsequent und gleichzeitig sehr geduldig sein. Einmal verboten bleibt immer verboten. »Heute ja, morgen nein« versteht der Zwergschnauzer nicht bzw. will es auch nicht verstehen. Der sensible Zwergschnauzer spürt Ihre Unentschlossenheit sofort und glaubt, dass Sie nicht zum Rudelführer taugen und er nun diese wichtige Aufgabe übernehmen muss.

Vor allem in der Entwicklungsphase vom Junghund zum erwachsenen Zwergschnauzer versucht er, seine Rangposition im »Rudel« zu finden und zu festigen.

Hör- und Sichtzeichen

Das, was wir von unserem Hund wollen, vermitteln wir ihm durch Hör- oder Sichtzeichen. Praktisch ist, wenn er beides kennen gelernt hat.

Das Prinzip ist bei jeder Übung gleich: Zuerst muss der Zwergschnauzer verstehen, was mit dem Kommando gemeint ist. Dies bewerkstelligen wir, indem wir zeitgleich immer dann das Hörzeichen aussprechen, wenn der Welpe das Gewünschte tut. Wir sagen also z.B. »Sitz«, wenn der Welpe sich gerade vor uns hinsetzt, oder »Komm«, wenn er zu uns gelaufen kommt. Dadurch kann der Welpe unser Kommando mit seinem Tun »verknüpfen«.

Wenn der Welpe dann später auf unser Kommando hin das Gewünschte ausführt, gibt es jedes Mal ein großes Lob und/oder einen Leckerbissen.

Tipps fürs Herkommen

- Rufen Sie den Kleinen immer mit freundlicher, hoher, lockender Stimme.
- Üben Sie das Herkommen zunächst in »verlockenden« Situationen, zum Beispiel, wenn Sie ihn zum Futternapf rufen.
- Gehen Sie in die Hocke, wenn Sie »Komm« rufen.
- Das Herkommen muss sich für den Hund jedes Mal lohnen. Belohnen Sie ihn also mit Streicheln, Loben, einem Leckerbissen oder einem kurzen Spiel.
- Beim Spaziergang können Sie sich langsam von Ihrem Welpen entfernen, wenn er nicht gleich kommt. Da der Kleine den Anschluss an sein Rudel nicht verpassen möchte, wird er hinterherkommen.
- Loben Sie den Zwergschnauzer für sein Kommen auch dann, wenn Sie ärgerlich sind, weil Sie auf ihn warten mussten. Einen Tadel kann der Welpe nicht mit seinem langen Fortbleiben in Verbindung bringen, sondern immer nur mit dem Kommen. Wird er getadelt, kommt er beim nächsten Mal noch zögerlicher.
- Laufen Sie dem Hund nicht nach, wenn er nicht kommt. Er würde das nur als neues Spiel auffassen und ist im Zweifelsfall ohnehin schneller als Sie.

Zwergschnauzer sind spielfreudig bis ins hohe Alter.

▸ Hier

Dass der kleine Welpe kommen soll, wenn man ihn ruft, lernt er normalerweise schon beim Züchter: Wenn dieser den Welpen das Futter serviert, ruft er sie und sie kommen natürlich freudig angelaufen. Sind die Kleinen ca. acht Wochen alt, lernen sie langsam auch ihren Namen kennen, und später kommen sie, wenn man den Namen sagt, freudig zum Züchter. So entsteht ein unsichtbares Band zwischen Mensch und Hund, was im neuen Rudel gefördert werden muss.

Sollte es im neuen Rudel zu Anfang Probleme mit dem »Komm« oder »Hier« geben, so können einige Tricks sicher hilfreich sein.

VERSTECKSPIEL ▸ Lehrreich für den kleinen Zwergschnauzer ist es, wenn Sie während des Spazierganges in einem für den Hund unbekannten Wald Verstecken spielen. Der Zwergschnauzer läuft einige Meter vor Ihnen und achtet nicht auf Sie. In diesem Moment verstecken Sie sich hinter einem Baum. Lassen aber dabei den Kleinen nicht aus den Augen. Normalerweise hat der Kleine schreckliche Angst, Sie zu verlieren, und beginnt lebhaft mit der Suche nach dem Rudelführer. Dies kann auf unterschiedliche Weise geschehen: Manche Welpen rennen wie von der Tarantel gestochen den Weg zurück. Dann müssen Sie natürlich sofort eingreifen und den Kleinen rufen, damit er von seiner Trennungsangst erlöst wird. Andere setzen sich genau an die Stelle, wo der Mensch verloren gegangen ist, und warten – wenn es sein muss stundenlang. Sie gehen selbstverständlich nach kurzer Zeit zu Ihrem Liebling und loben ihn, weil er so treu gewartet hat. Wieder andere suchen mit der Nase, bis sie den Boss gefunden haben. Auch dies wird gelobt. Später wird der Zwergschnauzer seinen Menschen immer im Auge behalten und es wird so sein, wie es sein sollte: Der Zwergschnauzer passt auf Sie auf und nicht umgekehrt.

▸ Aus

Der kleine »Wolf« möchte einmal Erbeutetes nicht mehr abgeben und verteidigt alles, was er »gefunden« hat – auch einmal böse knurrend. Sie als Rudelführer müssen dem Zwergschnauzer natürlich alles aus der Schnauze nehmen können und sich absolut konsequent durchsetzen. Anschließend loben Sie den braven Hund.

Das Hörzeichen für das Abgeben ist »Aus«.

Sie können dem Zwergschnauzer auch einen anderen Gegenstand, z.B. ein Spielzeug, als Tauschobjekt für seine »Beute« anbieten. Im Zweifelsfall fassen Sie von oben über den Fang und drücken die Lefzen seitlich an die Zähne, bis er den Fang öffnet und den Gegenstand hergibt. Auch dann gibt es ein großes Lob.

Der Rudelführer Mensch muss sich bei dieser Übung unbedingt durchsetzen. Denn nimmt Ihr Zwergschnauzer giftige oder gefährliche Dinge auf, kann das »Aus« sein Leben retten – vorausgesetzt, er kennt das Wort und ist gehorsam.

▸ Pfui

»Pfui« müssen schon Welpen unbedingt kennen, denn später verschlucken Hunde schnell, was man ihnen wegnehmen möchte. Dieses Wort, in Verbindung mit einem kurzen Ruck an der Leine, verhindert das Sammeln und Verschlucken von Unrat. Haben Welpen schon etwas in der Schnauze, das sie hergeben sollen, wird »Aus« gesagt; »Pfui« bedeutet, dass sie nichts aufnehmen dürfen.

▸ Anspringen

Springt Ihr Zwergschnauzer Leute an, kann das teuer werden, wenn Sie für die Reinigung der Kleidung aufkommen müssen.

Damit Ihr Hund ein angenehmer Begleiter wird, versäumen Sie nicht, schon dem Welpen klar zu machen, dass Sie so etwas nicht dulden. Mit den unfreundlich gesprochenen Worten »Pfui ist das« und indem Sie den Kleinen sanft zu Boden drücken, können Sie sich und Ihrem Zwergschnauzer für die Zukunft viel Ärger ersparen.

Eine weitere Möglichkeit besteht darin, den hochspringenden Welpen völlig zu ignorieren, sich abzuwenden und auch nichts zu ihm zu sagen. Der Hund wird erst dann freundlich begrüßt, wenn alle vier Pfoten am Boden sind.

▸ Sitz

Die Übung »Sitz« ist denkbar einfach. Mit der einen Hand hält man dem Zwerg ein Leckerchen vor die Nase, führt es über seinen Kopf hinweg etwas nach hinten (da der Hund das Leckerchen nicht aus den Augen verlieren will, setzt er sich fast automatisch hin) und sagt dabei »Sitz«. Das »i« in die-

Aufmerksam und freudig lernt auch ein Zwergschnauzer »Sitz«, »Platz« und vieles mehr.

sem Wort wird langgezogen zum »Siiitz«. Unterstützend kann man mit der anderen Hand sanft den Po des Hundes herunterdrücken. Sitzt der Hund, bekommt er das Leckerchen und wird überschwenglich gelobt. Schnell begreift der Zwergschnauzer die Zusammenhänge und setzt sich schon, wenn er das Leckerchen in Ihrer erhobenen Hand nur sieht.

Das Sichtzeichen für »Sitz« ist der erhobene Zeigefinger.

Hunde reagieren auf Körpersprache. Daher kann man mit Handzeichen die Hörzeichen unterstützen.

▸ Platz

Platz ist beim Riesenschnauzer dringender und konsequenter zu üben als beim Zwergschnauzer, da der Zwergschnauzer in der Wohnung sicher keinen Tisch anheben wird – ein großer Hund schon. Aber auch »Platz« sollte der Zwergschnauzer kennen, und es ist ihm leicht beizubringen.

Sie lassen den Zwergschnauzer »Sitz« machen, sagen anschließend »Platz« und drücken sanft auf seinen Widerrist (Schulter), bis er ganz auf dem Boden liegt. Nun warten Sie eine Weile und wieder wird gelobt, gelobt, gelobt.

Am besten klappt es, wenn Sie ein Leckerchen an der Nase des sitzenden Zwergschnauzers vorbei zum Boden führen. Der Hund wird sich hinlegen, um an das Leckerchen heranzukommen.

Als Sichtzeichen für das »Platz« vollziehen Sie diese Bewegung nach, indem die erhobene Handfläche nach unten führen.

▸ Bleib

Diese Übung kann für Ihren Zwergschnauzer lebensrettend sein, denn sonst springt er womöglich mitten in der Stadt aus dem Auto, obwohl Sie es ihm noch nicht erlaubt haben. Haben Sie ihm diese Übung beigebracht, wird er erst aus dem Auto hüpfen, wenn Sie »Komm« gesagt haben. So kann ich zum Beispiel bedenkenlos mit vier Zwergschnauzern in die Stadt fahren und die Autotür offen stehen lassen, ohne dass einer unserer Rabauken auf die Straße springt. Auch bestimmte Räume kann man so zu Tabuzonen ma-

Oben: Der Hund soll so nah wie möglich am Fuß des Hundeführers sitzen.
Rechts: Dieser kleine Zwergschnauzer pfeffersalz läuft sehr aufmerksam »bei Fuß«.

chen oder das plötzliche Verlassen der Wohnung verhindern.

Wir halten dem sitzenden oder liegenden Hund die ausgestreckte Handfläche vor und sagen in ruhigem Tonfall »Bleib«. Anfangs wird er schon dann gelobt, wenn er nur wenige Sekunden sitzen bzw. liegen geblieben ist. Schrittweise können wir dann die Übung ausdehnen, indem wir uns immer weiter entfernen.

▶ Bei Fuß

Damit Ihr Zwergschnauzer sich nicht, wie man es häufig bei kleinen Hunden sieht, den Kehlkopf quetscht und hustend durch die Welt läuft, müssen Sie ihm beibringen, vernünftig an der Leine zu laufen. Das nennt man auch Leinenführigkeit. Ihren Armen wird diese Übung auf Dauer auch gut tun.

Zunächst führt man den Zwergschnauzer an der Leine auf der linken Seite. Läuft er etwas zu weit nach vorne oder bleibt zurück, locken wir ihn an unsere Seite und korrigieren notfalls durch einen kleinen kurzen Ruck an der Leine und geben das Hörzeichen »Bei Fuß«. Läuft der Zwergschnauzer auch nur wenige Schritte auf gleicher Höhe neben uns, wird er sofort gelobt.

Damit der Hund die Freude nicht verliert, empfehle ich zweimal pro Tag nur je etwa eine Viertelstunde zu trainieren. Auch hier macht Übung den Meister.

Klappt es mit der Leinenführigkeit, können Sie das Bei-Fuß-Gehen auch ohne Leine üben. Machen Sie den Hund mit Worten und Leckerchen immer wieder auf sich aufmerksam, damit er an Ihrer Seite bleibt.

Achtung: In einigen Städten und Gemeinden besteht Leinenzwang. In Wäldern dürfen Hunde grundsätzlich nicht frei laufen. Der Zwergschnauzer schafft es zwar sicherlich nicht, ein Reh zu erbeuten, aber er könnte das Wild aufscheuchen.

Spielen gilt beim Hund auch als Belohnung. Nach den Übungen sollte man mit seinem Wauzi etwas herumtoben, Ballspiele oder auch Zerrspiele machen.

TIPP

Nun hat Ihr kleiner Liebling schon einiges gelernt, aber glauben Sie niemals, er könnte nicht abgelenkt werden! Eine Katze auf der anderen Straßenseite hat schon so manchen Hund das Leben gekostet. In der Stadt und im Straßenverkehr sollten Sie daher Ihren Zwergschnauzer immer an der Leine führen.

Alleine bleiben

Es kann immer mal vorkommen, dass der Zwergschnauzer allein zu Hause bleiben muss. Damit es keine Schwierigkeiten gibt, bringt man schon dem Welpen bei, einige wenige Minuten alleine in einem Zimmer zu sein. Ist er leise, geht man nach kurzer Zeit wieder in den Raum und lobt den Kleinen mit den langgezogenen Worten »So ist braaav«.

Tobt, schreit und bellt er während Ihrer Abwesenheit, warten Sie bitte, bis er einige Sekunden ruhig ist, dann gehen Sie zu ihm und loben, loben, loben. Er wird sein Ruhigsein dann mit dem Kommen des Menschen verbinden und in Zukunft ruhig auf Ihre Rückkehr warten.

Wenn Sie den älteren Zwergschnauzer einige Stunden allein lassen müssen, ist es auch hilfreich, vorher mit ihm spazieren zu gehen, so dass er bei Ihrem Weggehen müde ist, und ihm außerdem sein Lieblingsspielzeug oder einen Kauknochen dazulassen, damit er Beschäftigung hat.

Freizeitpartner Zwergschnauzer

Freizeitpartner Zwergschnauzer

Sport mit dem Hund bekommt mehr und mehr eine neue Bedeutung: Waren früher hauptsächlich große Rassehunde privilegiert, Hundesport zu treiben, so steht heute allen Hunden – ob groß, mittel oder klein – die ganze Palette der Möglichkeiten, sich mit ihren Menschen sportlich zu betätigen, zur Verfügung. Diese Betätigung fördert die Verständigung zwischen Mensch und Hund, lässt uns die Natur intensiv erleben und verstehen und baut Stress ab. »Fit und gesund durch Sport mit dem Hund« ist ein Slogan, der auf Tatsachen beruht.

Ihre Freizeit wird Ihnen wesentlich mehr Freude bereiten, wenn Sie einen Zwergschnauzer als Begleiter bei sich haben. Sie können mit ihm joggen, wandern, spielen, toben usw. Auch Hundesport macht dem kleinen Schnauzer viel Spaß und Sie befriedigen seinen enormen Bewegungsdrang genauso wie seine Wissbegierde. Gleichzeitig lernen Sie die Leistungsgrenzen Ihres Hundes, aber auch Ihre eigenen kennen. Einige Ortsgruppen des Pinscher-Schnauzer-Klubs besitzen einen Hundeplatz, wo man mit dem Zwergschnauzer unter fachmännischer Anleitung üben und später eventuell eine Prüfung ablegen kann.

Mögliche Prüfungen

- Ausdauerprüfung (AD)
- Begleithund (BH)
- Fährtenhund (FH)
- Wachhund (WH)

Auch die Teilnahme an Turnierhundsportwettbewerben und Agility-Veranstaltungen gehört zu den wertvollen sportlichen Betätigungen, bereitet sowohl dem Zwergschnauzer als auch uns Menschen viel Freude und kann zur Gesunderhaltung beitragen. In der heutigen Hektik, in der wir Menschen fast schon mit dem Auto verwachsen zu sein scheinen, wird oft vergessen, dass wir Menschen die körperliche Bewegung benötigen, um gesund zu bleiben.

Wie glücklich können wir Schnauzerleute doch sein! Wir dürfen mit unseren Hunden draußen in der Natur laufen, toben oder auch Sport mit dem Partner Hund treiben. Manchmal haben wir keine Lust auf lange Spaziergänge, weil es zum Beispiel in Strömen regnet oder der Wind uns unangenehm erscheint. Dann wird uns unser Kumpel solange nerven, bis wir nachgeben, denn er muss ja Gassi gehen. Und siehe da: Wie oft ist es schon vorgekommen, dass das vorher so miese Wetter sich als harmlose Brise entpuppt und wir selbst diesem Wetter noch gute Seiten abgewinnen konnten. Ärzte geben heute schon nach einem Herzinfarkt geeigneten Patienten die Empfehlung, sich einen Hund anzuschaffen, um auf ausgiebigen Spaziergängen die eigene Verfassung zu verbessern.

▶ Begleithundprüfung

Bei der Begleithundprüfung wird die Sicherheit im Straßenverkehr, das Verhalten in lauter, für den Hund unangenehmer Atmosphäre und beim Alleinbleiben geprüft. Nur wenn man weiß, wie sich der vierbeinige Freund im alltäglichen Trubel benimmt, kann man sicher sein, einen angenehmen, wesensfesten und robusten Begleiter an seiner Seite zu haben.
Weitere Anforderungen:

- ▶ Leinenführigkeit und Unbefangenheit,
- ▶ Freifolge,
- ▶ Sitz und Bleiben,
- ▶ Ablegen in Verbindung mit Herankommen,
- ▶ Schussgleichgültigkeit.

Da die bestandene Begleithundeprüfung in Verbindung mit der bestandenen Ausdauerprüfung im Pinscher-Schnauzer-Klub als Körung für Zwergschnauzer und somit als besondere Zuchtempfehlung gilt und, wie aus dem Rassestandard zu entnehmen ist, der Zwergschnauzer zu den Begleithundrassen gehört, hat die Begleithundprüfung besondere Bedeutung.

ALLGEMEINE BESTIMMUNGEN ▶ Zugelassen sind Hunde aller Rassen und Größen. Das Zulassungsalter beträgt zwölf Monate. Am Schluss der Prüfung werden keine Ergebnisse nach Punkten, sondern nur ein Werturteil »Bestanden« oder »Nicht Bestanden« bekannt gegeben. Die Prüfung ist bestanden, wenn im Teil A 70% der zu erreichenden Punkte erlangt und im Teil B die Übungen vom Leistungsrichter als ausreichend erachtet wurden.

Das zu vergebende Ausbildungskennzeichen ist kein solches im Sinne der Zucht-, Schau-, Kör- und Ausstellungsordnung eines Mitgliedsverbandes des VDH – mit Ausnahme des PSK: hier gilt die B-Prüfung als Teil der Körung.

Zu dieser Prüfung darf ein Hund in jedem Fall nur von seinem Eigentümer oder einer mit ihm in Gemeinschaft lebenden Person selbst ausgebildet und vorgeführt werden.

Das Ablegen der Prüfung ist im Wiederholungsfall an keine Fristen gebunden.

A BEGLEITHUNDPRÜFUNG AUF EINEM ÜBUNGSPLATZ ODER FREIEN GELÄNDE ▶ (Gesamtpunktzahl 50)

1. Leinenführigkeit und Unbefangenheit (15 Punkte), Hörzeichen »Fuß«

Von der Grundstellung aus hat der am Halsband angeleinte Hund seinem Hundeführer (HF) auf das Hörzeichen »Fuß« freudig zu folgen. Zu Beginn der Übung hat der HF mit seinem Hund etwa 40 Schritt geradeaus hin und zurück zu gehen. Der Hund hat stets mit dem Schulterblatt in Kniehöhe an der linken Seite des HF zu bleiben, er darf nicht vor, nach oder seitlich laufen.

Zwei Hunde beschäftigen sich miteinander, aber lieber spielen Zwergschnauzer mit dem ganzen Rudel, einschließlich Menschen.

Die Übung ist auf der Geraden im gewöhnlichen, im langsamen und im Laufschritt zu zeigen.

Im gewöhnlichen Schritt sind mindestens eine Rechts-, Links- und Kehrtwendung auszuführen. Die Kehrtwendung ist vom HF als Linkskehrtwendung zu zeigen.

Nur beim Angehen und beim Wechsel der Gangart ist dem HF das Hörzeichen »Fuß« gestattet. Bleibt der HF stehen, hat der Hund sich schnell ohne Einwirkung des HF zu setzen. Der HF darf hierbei seine Grundstellung nicht verändern und insbesondere nicht, um an den evtl. abseits sitzenden Hund heranzutreten. Die Führleine soll während des Führens in der linken Hand gehalten werden und muss lose durchhängen.

Auf Anweisung des Leistungsrichters (LR) geht der HF mit seinem Hund durch eine Gruppe von mindestens vier Personen. Der HF hat in der Gruppe mindestens einmal zu halten. Die Gruppe hat sich durcheinander zu bewegen.

Zurückbleiben, Vordrängen, seitliches Abweichen des Hundes sowie zögerndes Verharren des HF bei den Wendungen sind fehlerhaft.

2. Freifolgen (15 Punkte), Hörzeichen »Fuß«

Auf Anordnung des Richters wird der Hund aus der Bewegung abgeleint. Der Hundeführer hängt sich die Führleine um die Schulter oder steckt sie in die Tasche und begibt sich mit seinem frei folgenden Hund sofort wieder in die Personengruppe, um dort mindestens einmal anzuhalten. Nach Verlassen der

Gruppe nimmt der HF kurz die Grundstellung ein und beginnt dann die Freifolge analog der Festlegung zu Übung 1. Während der HF mit dem frei folgenden Hund die oben beschriebene Übung ausführt (nicht aber beim Gehen durch die Gruppe), sind zwei Schüsse abzugeben.

Der Hund hat sich schussgleichgültig zu verhalten. Zeigt sich der Hund schussscheu, scheidet er sofort von der Prüfung aus. Zeigt der Hund auf den Schuss Angriffslust, so ist das bedingt fehlerhaft, sofern er noch in der Hand des HF steht. Volle Punktzahl kann nur der schussgleichgültige Hund erhalten.

Ausführungsbestimmungen: Auf Schussgleichgültigkeit muss besonderer Wert gelegt werden. Die Schüsse werden in einer Entfernung von 15 Schritt abgegeben, und zwar zwei Schüsse im Abstand von 10 Sekunden. Läuft der Hund auf den Schuss weg, ist er von der weiteren Prüfung auszuschließen.

Glaubt der Richter, bei einem Hund Schussempfindlichkeit zu erkennen, steht es ihm frei, ihn durch Abgabe weiterer Schüsse zu erproben.

Die Prüfung auf Schussgleichgültigkeit ist nur bei der Übung »Freifolgen« vorzunehmen.

3. Hinsetzen und sitzen bleiben (10 Punkte)

Von der Grundstellung aus geht der Hundeführer (HF) mit seinem frei neben ihm sitzenden Hund auf das Hörzeichen »Fuß« oder dergleichen geradeaus. Nach ungefähr 10 bis 12 Schritten hat sich der Hund nun auf das Hörzeichen »Sitz«, ohne dass der HF seine

Wem gehört wohl die Beute?

Gangart unterbricht oder sich umsieht, schnell hinzusetzen. Der Führer entfernt sich nach dem Kommando »Sitz« in ruhiger Gangart etwa 20 Schritte von seinem Hund. Nach etwa einer Minute kehrt der HF zu seinem Hund zurück und nimmt an dessen rechter Seite Grundstellung ein. Bis zur Rückkehr des HF hat der Hund in ruhiger Sitzstellung, wie bei Beginn der Übung, zu verharren.

Hinlegen, Aufstehen oder Nachfolgen sind fehlerhaft.

4. Ablegen in Verbindung mit Herankommen (10 Punkte)

Von der Grundstellung aus geht der HF mit seinem frei neben ihm sitzenden Hund auf das Hörzeichen »Fuß« oder dergleichen geradeaus. Nach ungefähr 10 bis 12 Schritte hat sich der Hund nun auf das Hörzeichen »Platz« schnell hinzulegen. Ohne andere Einwirkungen auf den Hund und ohne sich umzusehen, geht der HF noch etwa 20 Schritte in gerader Richtung weiter, dreht sich zum Hund um und bleibt stehen. Auf Anweisung des Richters ruft der HF seinen Hund heran. Freudig und in schneller Gangart hat der Hund sich dann seinem HF zu nähern und sich dicht vor diesen zu setzen. Auf das Hörzeichen »Fuß« hat sich der Hund dann neben seinen HF zu setzen.

Ein Hund, der bei diesen Übungen nicht mindestens 35 Punkte erreicht, scheidet von der weiteren Prüfung aus.

Beim Üben bitte auf den Sonnenstand achten und den Hund nicht zu lange in der prallen Sonne sitzen lassen.

B VERKEHRSSICHERHEITSPRÜFUNG IN PRAKTISCHER AUSFÜHRUNG ▶

Allgemeines

Die Übungen sollen im öffentlichen Verkehrsraum (Straßen, Wege oder Plätze) mit mäßigem Verkehr durchgeführt werden. Der öffentliche Verkehr darf nicht beeinträchtigt werden.

Nur der zu prüfende Hund, sein HF, der Leistungsrichter, gegebenenfalls auch der Prüfungsleiter sind in Aktion. Alle anderen Teilnehmer halten sich mit ihren Hunden abseits an einem geeigneten angewiesenen Ort (Vereinsheim, Übungsplatz, sonstiger Treffpunkt) auf Abruf bereit. Die Durchführung dieses Teils der Prüfung erfordert wegen ihrer Eigenart einen erheblichen Zeitaufwand. Die Leistungsforderungen dürfen nicht durch oberflächliche Abnahme vieler Hunde beeinträchtigt werden. Daher dürfen an einem Prüfungstag höchstens 12 Hunde geprüft werden.

Punkte werden für die einzelnen Übungen des Teils B nicht vergeben. Für das Bestehen dieser Prüfungsabteilung ist der gesamte Eindruck über den sich im Verkehr bewegenden Hund maßgeblich.

1. Führigkeit und Verhalten im Straßenverkehr

Auf Anweisung des LR begeht der HF mit seinem angeleinten Hund einen angewiesenen Straßenabschnitt auf dem Gehweg. Der LR folgt dem HF in angemessener Entfernung. Der Hund soll an der linken Seite des HF an lose hängender Leine – mit der Schulter in Kniehöhe des HF bleibend – willig folgen. Dem Fußgänger- und Fahrverkehr gegenüber soll sich der Hund gleichgültig verhalten.

Auf seinem Weg wird der HF von einem vorbeilaufenden Passanten (Auftragsperson) geschnitten. Kurze Zeit später überholt den HF ein dicht von hinten vorbeifahrender Radfahrer (Auftragsperson) auf dem Radweg oder der Fahrbahn. Das Vorbeifahren hat so zu erfolgen, dass sich der Hund zwischen HF und vorbeifahrendem Radfahrer befindet. Im Vorbeifahren wird Klingelzeichen gegeben. Danach macht der HF kehrt, geht auf den Nachfolgenden LR zu, bleibt bei diesem stehen, begrüßt ihn mit Handschlag und unterhält sich mit ihm. Der Hund darf hierbei stehen, liegen oder sitzen, hat sich aber ruhig zu verhalten.

2. Verhalten des Hundes unter erschwerten Verkehrsverhältnissen

Auf Anweisung des Leistungsrichters bewegt sich der Führer mit seinem angeleinten Hund inmitten stärkeren Passantenverkehrs.

Der HF hat zwischendurch zweimal zu halten. Beim ersten Mal hat sich der Hund auf Hörzeichen zu setzen, beim zweiten Mal erhält er das Hörzeichen »Platz«, worauf er sich schnell hinzulegen und liegen zu bleiben hat.

Innerhalb dieser Übung ist ein kurzes Verweilen an einer Stelle mit außergewöhnlichen Geräuschen einzuflechten (vorbeifahrende Züge an einer Bahnstrecke, Durchschreiten einer Unter- oder Überführung bei Zugfahrten, Straßenbahn usw.).

Der Hund soll auch im starken Passantenverkehr und bei außergewöhnlichen Geräuschen seinem HF aufmerksam, willig und unbeeindruckt folgen. (Geeignete Örtlichkeiten für diese Übung: belebte Plätze, Bahnhofshallen, Omnibusbahnhöfe usw.)

3. Verhalten des kurzfristig im Verkehr angeleint allein gelassenen Hundes; Verhalten gegenüber Tieren

Auf Anweisung des LR geht der HF mit angeleintem Hund auf dem Gehweg einer mäßig belebten Straße. Nach kurzer Strecke hält der HF auf Anweisung des LR und befestigt die Führleine an einem Zaun, Mauerring oder dergleichen. Der HF begibt sich dann für zwei Minuten außer Sicht des Hundes in ein Geschäft oder einen Hauseingang. Der Hund darf stehen, sitzen oder liegen.

Während der Abwesenheit des HF geht ein Passant (Auftragsperson) mit einem angeleinten Hund in einer seitlichen Entfernung von etwa fünf Schritten am Prüfungshund vorbei.

Der alleingelassene Hund soll sich während der Abwesenheit des HF ruhig verhalten. Den vorbeigeführten Hund (kein Raufer) soll er ohne Angriffshandlung (starkes Zerren an der Leine, andauerndes Bellen) passieren lassen.

4. Gehorsamsüberprüfung im Verkehr

An geeigneter Stelle (Nebenstraße, wo auch sonst das Ableinen eines Hundes möglich und üblich ist) leint der HF auf Anweisung des LR seinen Hund ab und lässt ihn zwanglos und ohne weitere Einwirkung laufen.

Auf Anweisung des LR ruft der HF alsdann seinen Hund mit Namen und Hörzeichen »Hier« zu sich heran und leint ihn an. Der Hund soll schnell zum HF zurückkehren und sich willig anleinen lassen. Ein zwei- bis dreimaliges Hörzeichen ist erlaubt.

Ob der Hund sich nach der Rückkehr zum HF zum Anleinen vor diesen setzt oder ob er stehend angeleint wird, bleibt dem HF überlassen.

▸ Ausdauerprüfung

Sinn der Ausdauerprüfung ist, die körperliche Verfassung unserer Hunde zu prüfen. Für die Zucht sollten nur gesunde, leistungsfähige Eltern eingesetzt werden. Die Ausdauerprüfung beweist, wie belastbar der Zwergschnauzer wirklich ist. Die geforderte Laufleistung für Zwergschnauzer von 10 km am Fahrrad bei einem Tempo von 10 bis 15 km/h auf möglichst verschiedenem Untergrund, wie harter Asphalt, weicher Waldboden usw., stellt erhöhte Anforderungen an die inneren Organe, insbesondere das Herz und die Lunge.

Mit unserer ersten weißen Zwergschnauzerhündin »Flocke« machte ich die Ausdauerprüfung zusammen mit Deutschen Schäferhunden vom Schäferhund-Verein (SV). Insgesamt sind wir ca. 23 km gefahren und nicht alle Schäferhunde haben diese Prüfung bestanden. »Flocke« tobte als einzige nach der anstrengenden Prüfung noch mit dem Tennisball und lockerte so vielleicht ihre Muskulatur. Zu Beginn dieser Prüfung musste ich mir, wie Sie sich sicher denken können, einige

Scherze anhören. Ich könne diesen Zwerg ja mit aufs Fahrrad nehmen, wenn er nicht mehr könne, war noch das Harmloseste. Um so erfreuter war ich dann abends, als der Richter die Ergebnisse bekannt gab und die ausgezeichnete Leistung unserer »Flocke« mit lobenden Worten nicht nur würdigte, sondern auch noch besonders hervorhob.

Sie sehen: bei ausreichendem Training sind Zwergschnauzer zu höheren Leistungen fähig, als man ihnen zutraut oder ihnen normalerweise im Alltag abverlangt.

Nur gut trainierte, gesunde Hunde dürfen an solch einer Prüfung teilnehmen. Läufige, trächtige oder gar säugende Hündinnen haben hier nichts zu suchen.

Der Zwergschnauzer läuft am Fahrrad zu seinem Schutz rechts, denn im Straßenverkehr ist er erhöhter Gefahr

Mit fliegenden Ohren rennen diese beiden über die Wiese.

ausgesetzt. (Normalerweise wird ein Hund zu Fuß immer links geführt.) Als Bewertung der Ausdauerprüfung gibt es entweder »Nicht Bestanden« oder »Bestanden«. Hat man bestanden, wird das Kennzeichen »AD« zuerkannt.

Der Zwergschnauzer muss mindestens 14 Monate alt sein und darf das 8. Lebensjahr noch nicht überschritten haben. Zu einer Ausdauerprüfung werden pro Richter maximal 20 Hunde zugelassen. Nach ca. 5 km wird eine Pause eingelegt, wo der Hund die Gelegenheit bekommt, sich frei zu bewegen. Der Richter muss nun prüfen, ob Hunde schon Ermüdungserscheinungen oder wund gelaufene Pfoten haben. Solche, oder Hunde, die jegliches Temperament und Härte vermissen lassen, haben diese Anforderungen nicht erfüllt und bekommen die Bewertung »Nicht Bestanden«.

▸ Fährtenhundprüfung

Hunde gehören zu den nasenorientierten Lebewesen. Ihre Welt besteht hauptsächlich aus Gerüchen. Beim Spaziergang hinterlassen sie ihre Duftmarken und nehmen die der anderen Lebewesen auf. Sie sind sogar in der Lage, versteckte Gegenstände anhand des Geruchs aufzuspüren, selbst wenn deren Duft durch andere Gerüche überlagert ist.

Dieses Wissen machen wir Menschen uns zunutze und bilden Hunde aus, um Drogen, Sprengstoff oder Menschen zu erschnüffeln. Diese Hunde leisten wertvolle Hilfe bei der Aufklärung von Verbrechen und der Suche nach Straftätern. Aber auch bei der Suche nach vermissten oder verschütteten Personen, wie zum Beispiel nach Erdbebenkatastrophen, ist die Nasenarbeit unserer Vierbeiner von höchster Bedeutung und hat schon so manches Menschenleben gerettet.

Für Freizeithundesportler kann diese Art von Ausbildung mit dem Hund sehr viel Spaß machen, denn hier stehen die Kleinen den Großen in keiner Weise nach. Die Nasenarbeit macht dem Zwergschnauzer viel Spaß; ist es doch wie »Zeitung lesen« und entspricht seinem natürlichen Drang, seine Umgebung zu erkunden. Wir müssen diesen Drang bei der Ausbildung nur in die gewünschte Richtung und auf die Suche eines bestimmten Geruchs lenken. Was sich hier so einfach liest, erfordert konsequentes Training von Mensch und Hund.

PRÜFUNGEN ▸ Fährtenhundprüfungen können in drei Stufen mit verschiedenen Schwierigkeitsgraden abgelegt werden. Die FH I fordert eine vom Hundeführer selbst gelegte Fährte, die 15 Minuten alt sein muss.

Bei der FH II wird die Suche auf einer 1000 bis 1400 Schritte langen Fremdfährte, die mindestens drei Stunden alt sein muss, sechs Winkel enthält und die dreimal von einer weiteren Fremdfährte geschnitten wird, gefordert. Der Hund muss vier mit der Witterung des Fährtenlegers versehene Gebrauchsgegenstände, die auf der Fährte abgelegt werden, aufnehmen oder verweisen.

Um die Höchstpunktzahl von 100 Punkten zu erreichen, muss der Hund die für ihn gelegte Fährte von Anfang bis Ende durchweg im Schritt ausgearbeitet und alle vier Gegenstände aufgenommen oder verwiesen haben. Alle Winkel müssen sicher ausgearbeitet werden. Der Hund darf sich von den Verleitungsfährten nicht beeinflussen lassen. Für jeden nicht gefundenen Gegenstand werden 3 Punkte bzw. 2 Punkte für den letzten Gegenstand abgezogen. Für jeden falsch aufgenommenen bzw. verwiesenen Gegenstand werden 1,5 Punkte abgezogen.

Beim Bringen oder Verweisen nicht vom Fährtenleger ausgelegter Gegenstände werden 1,5 Punkte abgezogen.

Hindert der Hundeführer den Hund am Verlassen der Fährte, so ergeht eine Anweisung des Leistungsrichters an ihn, seinem Hund zu folgen. Die Fährtenarbeit ist abzubrechen, wenn der Hund die Fährte um mehr als eine Leinenlänge bzw. bei der Freisuche um mehr als 10 Meter verlässt oder der HF die Anweisung des LR zum Nachgehen nicht befolgt.

Es müssen mindestens 70 Punkte von der Höchstpunktzahl 100 erreicht werden, um die Prüfung zu bestehen.

▸ Wachhundprüfung

Der Zwergschnauzer beginnt sehr früh, selbstständig den Besitz seiner Familie zu bewachen. Er erkennt schnell sein Territorium, und alles innerhalb dieses Gebietes ist zu bewachen. Unsere Aufgabe liegt nun darin, dem Zwerg klar zu machen, wie lange er bellen soll und darf.

Gezielt Dinge zu bewachen, können Sie Ihrem Zwergschnauzer unter Anleitung speziell geschulter Personen innerhalb einer PSK-Ortsgruppe beibringen.

Zur Wachhundausbildung sind Hunde aller Rassen und Größen ab einem Alter von 12 Monaten zugelassen. Zum Werturteil »Bestanden« müssen 70 % der möglichen Punkte erreicht werden.

▸ Turnierhundsport

Ein breites Betätigungsfeld bietet der Turnierhundsport für Jung und Alt. Durch Tunnel kriechen, über Balken

Die Wachhund-Prüfung

- 1. Leinenführigkeit (15 Punkte)
- 2. Freifolgen (15 Punkte)
- 3. Ablegen in Verbindung mit Herankommen (10 Punkte)
- 4. Hinsetzen und sitzen bleiben (10 Punkte)

Die Übungen 1 bis 4 werden wie bei der Begleithundprüfung durchgeführt.

- 5. Holen eines Gegenstandes (15 Punkte)
  Wie bei der Übung 4 entfernt sich der HF etwa 30 Schritte von seinem Hund und legt dort einen kleinen Gegenstand ab. Nach der Rückkehr zum Hund hat dieser auf einmaliges Kommando »Hol's« den abgelegten Gegenstand schnell und freudig zu bringen.
- 6. Ablegen eines Hundes unter Ablenkungen (10 Punkte)
- 7. Anhänglichkeit (10 Punkte) (Suchen des Hundeführers)
- 8. Besitzwahrung (15 Punkte) (Bewachen von Gegenständen)
- 9. Prüfung des Hundes auf seine Wachsamkeit (100 Punkte)

Die Prüfungsteile 6 bis 9 zeigen die Anhänglichkeit, den Gehorsam und die Wachsamkeit des Hundes.

balancieren, Hürden überspringen oder im Slalom mit dem Hund um Stangen laufen – und das auch noch in kürzester Zeit – sind nur einige Aufgaben, die bewältigt werden müssen. Das erfordert von uns und unseren Hunden beste Verständigung, macht aber auch viel Spaß. Die Leistungen der Turnierteilnehmer werden nach Alter des Menschen und Größe des Hundes bewertet.

Über die einzelnen Möglichkeiten speziell für Sie erkundigen Sie sich bitte bei der für Sie zuständigen Ortsgruppe des Pinscher-Schnauzer-Klubs, dem Sportbeauftragten des PSK oder direkt bei der PSK-Geschäftsstelle.

Agility

1978 wurde Agility als Show-Rahmenprogramm bei einem Reitturnier in England vorgestellt und begeistert mittlerweile die Hundesportler in der ganzen Welt. So wundert es nicht, dass die FCI in der internationalen Prüfungsordnung auch die Grundlagen dieser sportlichen Betätigung regelt.

Sport mit dem Hund hält beide gesund. Selbst die hohe Hürde nimmt ein Zwergschnauzer spielend.

Die praktische Arbeit an den verschiedenen Hindernissen sollte Schritt für Schritt von einem Hindernis zum anderen trainiert werden.

Dieser Hundesport wurde in Deutschland durch den treffenden Slogan »Behendigkeit auf sechs Beinen« bekannt und ist zu Beginn von gestandenen Hundesportlern und Ausbildern belächelt worden. Ich bin der Meinung, dass gerade diese Sportart für Zwergschnauzer ideal geeignet ist und ihrem Bewegungsdrang gerecht wird. Gerade weil es nicht auf die Größe des Hundes oder das Alter des menschlichen Partners ankommt, erfreut sich dieser Sport weltweiter Beliebtheit.

Im Agility-Reglement von 1991 steht in der Einführung: »Die Agility ist eine Disziplin, die allen Hunden offen steht. Sie besteht darin, die Hunde verschiedene Hindernisse überwinden zu lassen, mit der Absicht, ihre Intelligenz und ihre Gewandtheit zu erproben. Es handelt sich um ein erzieherisches und sportliches Spiel, welches ihre gute Einfügung in die Gesellschaft begünstigt.«

Diese Disziplin setzt eine gute Harmonie zwischen dem Hund und seinem Partner Mensch voraus und endet in perfektem Einvernehmen. Es ist also notwendig, dass die teilnehmenden Hunde die elementaren Grundlagen von Erziehung und Gehorsam besitzen.

Agility-Hindernisse

Fester Tunnel
Stofftunnel
Slalom
Laufsteg
Tisch
Wippe
Schrägwand
Einfache Hürden
Weitsprung/Wassergraben
Spezialhürden
Reifen

Flyball

Diese Sportart erfordert Schnelligkeit und eine besonders starke Bindung des Hundes an seinen Menschen – das berühmte unsichtbare Band zwischen Mensch und Hund.

Bei dieser sportlichen Beschäftigung wird der Hund nicht vom Menschen begleitet, sondern über vier Hürden zur Flyball-Maschine geschickt und muss dort selbstständig seinen »Belohnungsball« holen und diesen auch noch schnellstmöglich seinem Menschen bringen. Im Idealfall löst der Hund durch den Druck seiner Pfote den Wurfmechanismus der Maschine aus, fängt blitzschnell den in die Luft katapultierten Ball mit der Schnauze und springt damit über die vier Hindernisse zurück zu seinem Menschen. Dieser unterstützt seinen Hund durch laute Zurufe.

Innerhalb des Klubs werden Flyball-Turniere durchgeführt, wo die Begeisterung der teilnehmenden Hunde und der Menschen in der Luft spürbar ist und Außenstehende mitreißt, so dass die Zuschauer ihre Favoriten lautstark anfeuern.

Hundeführersportabzeichen

Die sportliche Betätigung mit Hunden der vom PSK betreuten Rassen wird vom Pinscher-Schnauzer-Klub unterstützt, gefördert und mit der Vergabe des Hundeführersportabzeichens anerkannt.

Jeder Hundeführer kann die sportlichen Aktivitäten mit seinem Hund durch verschiedene Stufen des Hundeführersportabzeichens krönen lassen. 10 PSK-Sportabzeichenstufen können je nach Leistung vergeben werden. Aber auch das Alter des Hundeführers oder die Größe des Hundes, in diesem Fall die geringere Größe des nur 30 bis 35 cm großen Zwergschnauzers, bekommen bei bestandenen Prüfungen einen Zusatzpunkt angerechnet. Diese Regelung soll ein Anreiz für alle Hundefreunde des PSK zum Sport mit dem Hund sein. Egal, ob man nun 6 oder 60 Jahre alt ist.

Jugendhandling

Jugendliche haben außer dem Sport mit dem Hund noch das Jugendhandling als Betätigungsfeld für sich entdeckt. Gerd Lyon, damals Richterobmann, sah das Jugendhandling anlässlich einer Ausstellung in Schweden und spendete spontan einen hohen Geldbetrag zur Einführung dieser Art der Jugendarbeit in Deutschland.

Bei dieser Sportart müssen die Jugendlichen mit ihren Hunden bestimmte Figuren laufen. Es kommt auf Präzision und Harmonie zwischen dem Jugendlichen und dem Hund an. Die Jugendlichen stellen sich gemeinsam mit ihrem Hund in zwei Altersgruppen im Ring vor. Altersgruppe I: 9–12 Jahre, Gruppe II: 13–17 Jahre.

BEURTEILUNG ▸ Die Vorführung eines Hundes durch den Jugendlichen wird wie folgt beurteilt.
Einzelbeurteilung: Der Jugendliche muss hierbei selbstständig entscheiden, wie er seinen Hund möglichst vorteilhaft präsentiert. Er muss wissen, ob der Hund auf dem Boden oder auf dem Tisch aufgebaut werden muss. Er muss das Gebiss seines Hundes so präsentieren, dass der Bewerter ohne Mühe Zahnstellung und -zahl erkennen kann. Die im Ring geforderten Übungen sollte er so beherrschen, dass er seinen Hund dem Bewerter möglichst geschickt vorführt. Hierbei zeigen besonders Zuspruch, Aufmunterung und Lob eine gute Beziehung des Jugendlichen zum Hund. Übertriebene Aufmerksamkeit dem Hund gegenüber ist damit nicht gemeint. Eine echte Harmonie soll angestrebt werden.
Beurteilung in der Gruppe: Hiermit ist keinesfalls eine »Unterordnung« gemeint. Der Jugendliche muss durch die Art seiner Vorführung erkennen lassen, dass ihm gängige Abläufe im Ring vertraut sind. Er sollte seinen Hund in angemessener Entfernung von anderen Hunden aufbauen, sich selbst im Stand nicht zu dicht hinter seinem Hund befinden, um den Blick des Bewerters nicht abzulenken, seinen Hund in einer Linie mit den Konkurrenten aufbauen und nicht »aus der Reihe tanzen«, seinen Hund im Kreis in angemessenem Abstand zu dem vor ihm laufenden Hund führen und keinesfalls »auflaufen« lassen (ein besonders geschickter Vorführer hält seinen Hund zurück, wenn er sich außerhalb des Blickfeldes des Bewerters befindet, um dadurch Raum zu gewinnen, und läuft erst dann in einem dem Gangwerk des Hundes angemessenen Tempo, wenn er in das Blickfeld des Bewerters tritt).

▸ Schwimmen

Lernt der Zwergschnauzerwelpe Wasser kennen, kann er sich zu einer regelrechten »Wasserratte« entwickeln. Zwei unserer Zwergschnauzer springen auch ohne uns ins Wasser. Das ist aber nicht nur lustig, sondern birgt auch Gefahren. Wir müssen aufpassen, dass sie nicht in starke Strömungen, in die Nähe von Wehren oder am Meer in gefährliche Wellen kommen.

TIPP
Sogar Gartenteiche können gefährlich werden, wenn der Zwergschnauzer nicht allein wieder herausklettern kann.

Zwergschnauzer lieben gewöhnlich lange Spaziergänge und das Herumtollen am Strand. Einige Badeorte verfügen über einen eigenen Hundestrand, wo der Zwergschnauzer mit anderen Hunden spielen kann und es voraussichtlich keine hundefeindlichen Menschen gibt – vorausgesetzt, man ist ein vorbildlicher und rücksichtsvoller Hundehalter.

▸ Mit dem Hund auf Reisen

Die für manche Menschen schönste Zeit des Jahres kann noch mehr Freude bereiten, wenn der beste Freund des Menschen mit auf Reisen gehen darf. Zumal im Urlaub das ganze Rudel, auch das sonst häufig außer Haus befindliche »Herrchen«, Zeit für den Hund hat.

Bevor Sie sich überlegen, was Sie mitnehmen müssen, ist es wichtig, wohin die Fahrt gehen soll und womit sie reisen. Planen Sie einen Auslandsaufenthalt, so machen Sie sich rechtzeitig vor Antritt der Reise mit den jeweiligen Einreisebestimmungen vertraut. Informationen hierzu erhalten Sie beim Reisebüro, beim Tierarzt, dem ADAC oder dem Konsulat des jeweiligen Reiselandes. Welche Impfungen werden verlangt und benötigen Sie eventuell ein behördliches Gesundheitszeugnis für Ihren Zwergschnauzer? Kontrollieren Sie ca. sechs Wochen vor Reiseantritt die Impfungen, um keine böse Überraschung zu erleben. Fast jedes Land fordert die gültige Tollwutimpfung. Sie ist allgemein nur gültig, wenn sie nicht jünger als vier Wochen und nicht älter als ein Jahr ist. In einigen Ländern wird allerdings eine abweichende Zeitspanne der Impfungen gefordert. Die Tollwutimpfung muss jährlich wiederholt werden. Auch die Gültigkeit der Gesundheitszeugnisse wird beim Aufenthalt bzw. der Einreise in den Ländern unterschiedlich verlangt.

Manche Länder fordern das Mitführen eines Maulkorbs, und in einigen Ländern ist in öffentlichen Verkehrsmitteln der Hund nur mit Maulkorb zugelassen. Müssen Sie einen Maulkorb im Ausland kaufen, so ist das englische Wort dafür muzzle, in Frankreich nennt man ihn museliere, die Italiener sagen museruola und auf spanisch heißt Maulkorb bozal.

„Maulkorb – nein danke! Wir sind auch immer ganz brav.“

Zwergschnauzer und Pferde bilden schon seit über 100 Jahren ein ausgezeichnetes Team.

Erkundigen Sie sich vor Reiseantritt nach hundefreundlichen Hotels, Pensionen, Ferienwohnungen oder Campingplätzen an Ihrem Reiseziel und melden Sie Ihren Vierbeiner ausdrücklich mit an.

Da der Zwergschnauzer eine angenehme Größe hat, stellt der Transport im Auto, in der Bahn und auch im Flugzeug kein großes Problem da.

Am Abend vor der Reise darf Ihr Zwergschnauzer noch etwas fressen und genügend spazieren gehen. Während der Fahrt soll der Hund nichts fressen. Unsere Zwergschnauzer verweigern ohnehin das Futter, solange wir unterwegs sind. Am Ziel holen Sie dann alles nach. Wasser bieten wir unseren Wauzis natürlich bei jeder Pause an.

TIPP

Nehmen Sie das gewohnte Futter mit. Vorsicht! Besteht das gewohnte Futter Ihres Zwergschnauzers hauptsächlich aus Feuchtfutter, kann es im Sommer allerdings schnell verderben und zu Magen-Darm-Problemen führen. Trockenfutter ist daher auf Reisen praktischer.

Zwergschnauzer werden tätowiert vom Züchter an den neuen Besitzer abgegeben. Dies bietet auch im Urlaub eine gewisse Sicherheit, aber befestigen Sie trotzdem am Halsband ein Schildchen mit der Telefonnummer vom Urlaubsort und eventuell auch der Heimat-Rufnummer. So sind Sie zu erreichen, falls Ihr Zwergschnauzer von einem Ausflug nicht zurückkommt und irgendwo aufgefunden wird.

Reisegepäck für den Hund

- [ ] Impfpass und eventuell die tierärztliche Gesundheitsbescheinigung
- [ ] Halsband und Leine mit Adressanhänger
- [ ] Futternapf, gewohntes Futter, Leckerbissen und Kauknochen
- [ ] Wassernapf, Wasserflasche
- [ ] Pflegeutensilien: Zeckenzange, Kamm und Bürste
- [ ] Körbchen und Schlafdecke
- [ ] Spielzeug
- [ ] ggf. Medikamente

Auto fahren

Die Fahrt im Auto kann durch eine Transportbox sicherer werden. Diese »Reisehütte« stellen Sie am besten schon zu Hause auf und versuchen mit Leckerchen, bereits Ihren sehr jungen Zwergschnauzer an diese Hütte zu gewöhnen. Junge Hunde lieben geschützte »Höhlen« und werden diese Schlafmöglichkeit gerne annehmen. Fühlt sich Ihr Liebling darin wohl, akzeptiert er sie auch unterwegs.

Die Transportbox muss auf der Rückbank oder der Ladefläche des Kombi gut gesichert werden. Denn müssen Sie einmal stark bremsen und Ihr Hund ist nicht gesichert, zum Beispiel auf dem Rücksitz, könnte er nach vorne geschleudert werden und sich und auch Sie verletzen.

Können Sie sich mit solch einer Hundetransporthütte nicht anfreunden, dann ist der sicherste und nicht so zugige Platz für Ihren Zwergschnauzer vor dem Beifahrersitz am Boden auf seiner Decke oder auf seinem Kissen. Durch kurzes Anbinden muss aber gewährleistet sein, dass der Kleine nicht im Auto umherspazieren und z.B. den Fahrer behindern kann. Weiß der Hund erst einmal, dass dort sein Stammplatz ist, wird er gerne mit dem Auto fahren. Das Auto ist unser zweites Zuhause geworden, und genau das soll es für unseren Zwergschnauzer auch werden. Unsere Zwerge rennen freudig zur Tür, wenn ich fragend »Auto fahren« sage.

TIPP

Auf einer längeren Autoreise muss der Hund die Möglichkeit zum Lösen bekommen und dabei etwas spazieren gehen dürfen. Natürlich wird der Zwergschnauzer an der Landstraße bzw. Autobahn an der Leine geführt, auch wenn er sonst sehr gut hört. In fremder Umgebung können irgendwelche Dinge auf einmal sehr interessant werden, und die ganze Erziehung ist dahin.

Auf jeden Fall muss der Zwergschnauzer während der Fahrt vor Zugluft geschützt sein, sonst kann eine böse Bindehautentzündung drohen.

Denken Sie an die Sonne, wenn Sie Ihren Zwergschnauzer einmal im Auto lassen müssen. Besser, Sie vermeiden diese Situation und bleiben beim Hund. Der schattige Parkplatz kann in kurzer Zeit zu einem Glühofen werden, wenn die Sonne gewandert ist und nun mit aller Kraft auf das Auto strahlt. Hunde erleiden dann schnell einen Hitzschlag und verenden schlimmstenfalls.

Bahnreisen

Möchten Sie lieber mit der Bahn verreisen, wäre eine Transportbox wieder recht einfach und für den Zwergschnauzer angenehm, wenn er diese Behausung schon akzeptiert hat, denn er hat dann seinen gewohnten Schlafplatz dabei und fühlt sich wohl. Sind die Mitreisenden einverstanden, so darf der Zwergschnauzer normalerweise auch auf dem Schoß im Personenabteil mitreisen.

Längere Zugfahrten sind nicht unproblematisch, denn der Hund muss ja zwischendurch Gassi gehen und darf auch normalerweise nicht mit in den Speisewagen.

Kleine Hunde, wie Zwergschnauzer in einer Transportbox, dürfen kostenlos mitfahren. Ein schöner Zug der Bahn.

Flugreisen

Zwergschnauzer dürfen aufgrund ihrer angenehmen Größe und ihres geringen Gewichtes unter bestimmten Voraussetzungen im Flugzeug mit in den Passagierraum. Hunde bis ca. 5 kg gelten als Handgepäck und dürfen innerhalb Deutschlands zum Nulltarif mitfliegen. Das Vorhaben muss lange vor dem Flug bei der Fluggesellschaft angemeldet und genehmigt werden. Die meisten Fluggesellschaften lassen maximal zwei Hunde im Passagierraum mitfliegen. Grundsätzlich dürfen Hunde nur in einer Flug-Transportbox oder in einer Hundereisetasche im Flugzeug transportiert werden. Diese Transportmöglichkeiten müssen groß genug sein, damit sich der Hund auch einmal ausstrecken kann.

Wählen Sie einen Urlaubsort, der für den Hund nicht zu heiß ist!

Balancieren kann man mit dem Hund auch im Wald beim Spaziergang üben.

Zwergschnauzer züchten

Zwergschnauzer züchten

▸ Verantwortung des Züchters

Rassehundezucht gehört zum Kulturgut des Menschen und hat das Erhalten und Fördern der besonderen Merkmale und Eigenschaften einer Hunderasse zum Ziel – wobei die Gesundheit oberste Priorität vor Leistungsfähigkeit und Schönheit hat. Züchter sollten verantwortungsvolle Menschen mit Feingefühl sein und Ehrfurcht vor unseren Mitgeschöpfen haben.

Die Vermutung, dass eine Hündin, die einmal Welpen hatte, nicht mehr oder seltener an Gesäuge- bzw. Gebärmutterkrebs leide, ist falsch. Tierkliniken wissen, dass ebenso viele Zuchthündinnen wie Hündinnen ohne Nachwuchs erkranken bzw. operiert werden.

▸ Voraussetzungen

ZEIT ▸ Angehende Züchter sollten sich vorher überlegen, ob sie genügend Zeit für die Aufzucht der Welpen haben. Nur füttern und säubern des Wurflagers und des Auslaufs reicht bei weitem nicht aus.

Welpen durchleben verschiedene Entwicklungsphasen. Besonders wichtig ist die Prägungsphase (zwischen der 6. und 8. Lebenswoche) innerhalb der Sozialisierungsphase (von der 3. bis zur 12. Lebenswoche). In dieser Zeit muss der Züchter die Welpen mit verschiedenen Geräuschen wie Staubsauger, Rasenmäher, herabfallende Töpfe o.ä. vertraut machen. Enger Kontakt zu den Welpen ist während dieser Zeit nötiger als sonst, damit die Welpen später problemlose Begleiter des Menschen werden. Die Prägung der Welpen erfordert also viel Zeit und Umsicht. Zudem sollten die Welpen mehrere Personen, auch Kinder, kennen lernen.

Die Welpen beginnen in dieser Zeit übrigens auch die Hundesprache zu erlernen, wie Zähne fletschen, das Fell sträuben, die Ohren anlegen usw. Ernährungsvorlieben und Fressgewohnheiten werden nun festgelegt (siehe auch Seite 30).

PLATZ UND GELD ▸ Auch Zwergschnauzerwelpen benötigen viel Auslauf im Freien. Günstig wäre ein Zugang vom Haus zum Garten, damit die kleinen Zwergschnauzer und ihre Mutter draußen toben und dann wieder ins Trockene gehen können. Drinnen wäre zum Beispiel auch gut das Wurflager untergebracht. Unsere Welpen werden im Wohnzimmer geboren und kommen nach ca. einer Woche in die Küche, damit sie alle Geräusche des täglichen Lebens mitbekommen und die Mutterhündin bei uns sein kann. Diese muss die Möglichkeit haben, sich von ihren Welpen zurückzuziehen. Ein erhöhter Liegeplatz, wo die Welpen nicht hinauf gelangen können, löst dieses Problem.

Züchter müssen sich auch fragen, ob der Raum auch für die Welpen ausreicht, die nicht sofort ein neues zu Hause gefunden haben und deshalb länger beim Züchter bleiben müssen. Diese Welpen benötigen nicht nur Platz, Zeit und Zuwendung, sondern kosten auch Geld. Den finanziellen Aspekt sollten Sie in Ihre Planung einbeziehen. Leute, die glauben, durch die Hundezucht reich werden zu können, werden schnell enttäuscht sein. Bevor Sie auch nur einen Welpen verkauft haben, benötigen Sie einen nicht geringen Betrag zur artgerechten, optimalen Aufzucht der kleinen Zwergschnauzer.

GEDULDIGE NACHBARN ▸ Wenn die kleinen Racker im Garten toben, geht es ziemlich laut und turbulent zu. Der Garten ist nach der Aufzucht von Welpen kaum noch als solcher zu erkennen und die Geduld der Nachbarn wird auf eine harte Probe gestellt. Versuchen Sie immer wieder, mit Ihren Nachbarn über die Zucht zu reden. Sie an der Aufzucht praktisch teilhaben zu lassen, kann eine wirkungsvolle Methode sein, das nachbarschaftliche Verhältnis positiv zu beeinflussen.

Sind die Welpen noch sehr klein, so liegen sie eng beieinander. Bis zur 3. Lebenswoche können sie nicht selbstständig ihre Körpertemperatur halten.

WISSEN ÜBER HUNDEZUCHT ▶ Mit Büchern über die Hundezucht sollten verantwortungsvolle angehende Züchter vertraut sein. Achtung: Bleiben Sie kritisch. Auch Experten können konträre Meinungen vertreten und publizieren.

TIPP

In Gesprächen mit Züchtern oder Zuchtverantwortlichen des Pinscher-Schnauzer-Klubs können sicher viele Fragen geklärt werden. Manchmal helfen Zuchtwarte, indem sie den Züchter bei seinem ersten Wurf intensiv begleiten.

Genetische Grundkenntnisse sind sicher von Vorteil und schützen den Züchter eventuell vor herben Überraschungen.

ZUCHTALTER ▶ Zwergschnauzerhündinnen dürfen frühestens mit 15 Monaten – maßgebend ist der Decktag – belegt werden. Mit Vollendung des achten Lebensjahres dürfen sie nicht mehr zur Zucht eingesetzt werden.

TIPP

15 Monate ist für Zwergschnauzer auch das Mindestalter zur Meldung in der Offenen Klasse.

Das Mindestalter von 15 Monaten gilt auch für Zwergschnauzerrüden, die als Deckrüden zum Einsatz freigegeben werden sollen. Ein Höchstzuchtalter ist für Rüden nicht festgeschrieben.

Natürlich müssen alle anderen Voraussetzungen wie Zuchtbewertungen usw. vorliegen, bevor gezüchtet werden darf.

FORMALITÄTEN ▶ Die Kenntnis der VDH- und PSK-Zuchtordnung, der PSK-Satzung, der Zuchtschauordnung und die Mitgliedschaft im Pinscher-Schnauzer-Klub (einziger Rassehundezuchtverein für alle Pinscher und Schnauzer in Deutschland) sind weitere Voraussetzungen für die Zucht von Zwergschnauzern.

Die Zuchtstätte und die damit verbundenen Voraussetzungen für die Zucht von Zwergschnauzern müssen vor Zuchtbeginn begutachtet und unter einem so genannten Zwingernamen beim PSK eingetragen sein. Der Schutz dieses Namens, den alle bei Ihnen geborenen und von Ihnen aufgezogenen Welpen als »Nachnamen« tragen werden, kann auch weltweit (FCI) beantragt werden.

▶ Ausstellungen

Ausstellungen werden in Deutschland als Zuchtschauen bezeichnet und gelten als Schaufenster der Kynologie. Dort kann man den gewünschten Zuchtpartner für seinen Zwergschnauzer ansehen und aussuchen, interessante Gespräche mit Gleichgesinnten führen und sich an lustigen Zwergschnauzern erfreuen. Das sind nur einige von vielen Eindrücken auf Zuchtschauen.

Um mit Ihrer Hündin züchten oder Ihren Rüden als Deckrüden einsetzen zu dürfen, müssen sie im zuchtfähigen Alter (ab 15 Monaten) eine Zuchtbewertung »Sehr Gut« oder »Vorzüglich« bekommen haben. Diese Zuchtbewertung erhalten Zwergschnauzer auf solchen Zuchtschauen, wo von einem speziell geschulten und international anerkannten Zuchtrichter die qualitative Zuchteignung ermittelt wird. Diese entspricht nicht immer dem, was sich die Hundebesitzer darunter vorstellen. Denn sie beziehen ihre Liebe zu ihrem Hund auch auf dessen Zuchtqualität: natürlich glauben sie, ihr Zwergschnauzer sei der Schönste.

Über Schönheit könnte man sicher lange diskutieren. Im Zusammenhang mit der Zucht reicht dies aber leider nicht aus. Es kann sogar der Rasse schaden. Denken Sie nur an die armen »Mode-Rassen«, die von einigen kommerziell denkenden Vermehrern in Mengen »produziert« werden und ihre rassetypischen Merkmale verloren haben. Seriöse Züchter dieser Rassen bemühen sich mit viel Idealismus, diese Rassemerkmale zu erhalten. Leider werden Hunde oft spontan und ohne Hintergrundwissen in die Familie aufgenommen. Häufig sogar, weil man das arme Tier nicht leiden sehen konnte. Genau aus diesem Grund werden weitere arme, bedauernswerte Hundewelpen »produziert«!

Zur Ermittlung der Zuchtqualität ist ausschließlich der Standard für Zwergschnauzer relevant, der vom Pinscher-Schnauzer-Klub 1895 e.V. (PSK, Rassehundezuchtverein) über den Verband für das Deutsche Hundewesen (VDH, Nationaler Dachverband aller Rassehundezuchtvereine) bei der Fédération Cynologique Internationale (FCI; Internationaler Dachverband aller nationalen Dachverbände) hinterlegt und für die Zucht und die hierfür nötigen Zuchtbewertungen maßgebend ist. Im »Service« finden Sie den Standard für Zwergschnauzer ab Seite 114.

Zur Zucht zugelassen werden nur Hunde, deren Verhalten, Anatomie, Statik und Dynamik dem Standard sehr nahe kommt. Boshafte, aggressive oder übertrieben misstrauische Zwergschnauzer werden die Rasse nicht verbessern. Vor allem Hündinnen werden dieses Verhalten, ob erworben oder angeboren, an ihren Nachwuchs weitergeben. Zwergschnauzer mit zuchtausschließenden Fehlern, wie Einhoder oder Vorbeißer, werden generell nicht zur Zucht zugelassen.

FORMWERTNOTEN ▸ Mit den Wertnoten »Vorzüglich« und »Sehr Gut« können die Zwergschnauzer unter Berücksichtigung der Zuchtordnung zur Zucht eingesetzt werden.

Damit Sie sich vorstellen können, warum vom Zuchtrichter ein Zwergschnauzer mit der Bewertung »Vorzüglich« und ein anderer, für Sie viel hübscherer Hund, »nur« mit der Bewertung »Sehr Gut« beurteilt wurde, möchte ich Ihnen die Definition der Formwertnoten, wie sie vom VDH als Kriterium der Zuerteilung durch den Zuchtrichter vorgegeben sind, erläutern.

Vorzüglich darf nur einem Hund zuerkannt werden, der dem Idealstandard der Rasse sehr nahe kommt, in ausgezeichneter Verfassung vorgeführt wird, ein harmonisches, ausgeglichenes Wesen ausstrahlt, der »Klasse« und eine hervorragende Haltung hat.

Die Überlegenheit seiner Qualitäten gegenüber seiner Rasse wird seine kleinen Unvollkommenheiten vergessen machen, aber er wird die typischen Merkmale seines Geschlechtes besitzen.

Sehr Gut wird nur einem Hund zuerkannt, der die typischen Merkmale seiner Rasse besitzt, von ausgeglichenen Proportionen und in guter Verfassung

Durch ständigen nahen Kontakt des Menschen zu den Welpen wird der Zwergschnauzer zum hervorragenden Familienhund.

ist. Man wird ihm einige verzeihliche Fehler nachsehen, jedoch keine morphologischen. Dieses Prädikat kann nur einem »Klassehund« verliehen werden.

Gut Diese Bewertung ist einem Hund zuzuteilen, welcher die Hauptmerkmale seiner Rasse besitzt, aber Fehler aufweist, unter der Bedingung, dass diese nicht verborgen werden.

Genügend Diese Bewertung erhält ein Hund, der seinem Rassetyp genügend entspricht, ohne dessen allgemein bekannte Eigenschaften zu besitzen bzw. dessen körperliche Verfassung zu wünschen übrig lässt.

Disqualifiziert erhält ein Hund, der nicht dem durch den Standard vorgeschriebenen Typ entspricht, ein eindeutig nicht standardmäßiges Verhalten zeigt oder aggressiv ist, mit einem Hodenfehler behaftet ist, einen erheblichen Zahnfehler oder eine Kieferanomalie aufweist, einen Farb- und/oder Haarfehler hat oder eindeutig Zeichen von Albinismus erkennen lässt.

Dieser Formwert ist ferner dem Hund zuzuerkennen, der einem einzelnen Rassemerkmal so wenig entspricht, dass die Gesamtheit des Hundes beeinträchtigt ist. Mit diesem Formwert muss auch ein Hund bewertet werden, der nach dem für ihn geltenden Standard einen schweren bzw. disqualifizierenden Fehler hat.

Ohne Bewertung darf nur ein Hund aus dem Ring entlassen werden, dem keine der fünf vorgenannten Formwertnoten zuerkannt werden kann. Das wäre zum Beispiel dann der Fall, wenn der Hund nicht läuft, ständig am Aussteller hochspringt oder ständig aus dem Ring strebt, so dass Gangwerk und Bewegungsablauf nicht beurteilt werden können, oder wenn der Hund dem Zuchtrichter ständig ausweicht, so dass zum Beispiel eine Kontrolle von Gebiss, Gebäude, Haarkleid, Rute oder Hoden nicht möglich ist, oder wenn sich am vorgeführten Hund Spuren von Eingriffen oder Behandlungen feststellen lassen, die einen Täuschungsversuch wahrscheinlich machen. Dasselbe gilt, wenn der Zuchtrichter den begründeten Verdacht hat, dass ein operativer Eingriff am Hund vorgenommen wurde, der über die ursprüngliche Beschaffenheit hinwegtäuscht (z.B. Lid-, Ohr- oder Rutenkorrektur) oder der Zuchtrichter einen für ihn zweifelhaften Befund feststellt. Der Grund für die Beurteilung »Ohne Bewertung« ist im Richterbericht anzugeben.

Schöne alte Zwergschnauzer kann man auch noch in der **Veteranenklasse** ausstellen – vorausgesetzt, sie sind in ausgezeichneter körperlicher Verfassung.

Für Zwergschnauzer, die das zuchtfähige Alter noch nicht erreicht haben, aber mindestens sechs Monate alt sind, besteht ebenfalls die Möglichkeit, ausgestellt zu werden – und zwar in der **Jüngstenklasse** (sechs bis neun Monate) bzw. in der **Jugendklasse** (neun bis 15 Monate). Diese frühen Ausstellungen – werden sie nicht übertrieben häufig besucht – können ein gutes Training für spätere Zuchtschaubesuche sein.

Auch Kinder haben die Möglichkeit, anlässlich einer PSK-Zuchtschau ihr Können im Umgang mit dem Hund zu trainieren und den Erwachsenen vorzuführen. Auf Internationalen Zuchtschauen besteht für Jugendliche ebenfalls eine Teilnahmemöglichkeit. Beim **Jugendhandling** wird die Harmonie zwischen dem Hund und dem Jugendlichen bewertet (siehe auch Seite 89 im Kapitel »Freizeitpartner Zwergschnauzer«).

Klasseneinteilung und Formwertnoten

Jüngstenklasse (6–9 Monate)
- vielversprechend (vv)
- versprechend (vsp)
- wenig versprechend (wv)

Jugendklasse (9–15 Monate)
- Sehr gut (Sg)
- Gut (G)
- Genügend (Ggd)
- Disqualifiziert (Disq)
- Ohne Bewertung

Offene Klasse
- Vorzüglich (V)
- Sehr gut (Sg)
- Gut (G)
- Genügend (Ggd)
- Disqualifiziert (Disq)
- Ohne Bewertung

Zuchtplanung

Haben Sie sich nun gründlich erkundigt und alle Voraussetzungen zur Zucht erfüllt, so werden Sie feststellen, dass Zucht kompliziert und faszinierend zugleich sein kann. Selbst nach 20 Jahren ist die Zucht aufregend, bringt aber auch Spaß. Die Entwicklung der kleinen Racker miterleben zu dürfen, empfinde ich als großes Glück, obwohl die Abgabe der Welpen immer noch – wie beim ersten Mal – mit Trennungsschmerz verbunden ist.

Lernen Welpen das Wasser als etwas Positives kennen, so werden sie immer gerne schwimmen gehen.

Verantwortungsvolle Züchter werden immer das Zuchtziel, wesensfeste, gesunde und anatomisch schöne Zwergschnauzer zu züchten und diese Merkmale zu festigen, vor Augen haben.

Wahl der Zuchtpartner

Ein Zitat von Ernst Eberhard möchte ich Ihnen nicht vorenthalten: »Ein Hund besteht züchterisch aus zwei Teilen. Der eine ist der sichtbare (Phänotyp) Hund, der andere der unsichtbare (Genotyp), aber mächtige genetische Schatten des Hundes. Die Gestalt seiner Gene ist bestimmend für die Merkmale der Nachzucht. Diese Gestaltung der Gene, wurzelnd in den Vorfahren des Hundes, ist in der Mehrzahl der Fälle von größerer Bedeutung als der einzelne Hund selbst. Bei der Paarung sollte man stets den genetischen Schatten des Hundes in die Berechnung mit einbeziehen.«

Die Verantwortung für die Verbesserung und Erhaltung der Rasse ist also groß. Sie sollten nicht nur an Ihre Zucht denken, sondern insbesondere an die gesamte Population. Menschen, die ihre Welpen ohne Zuwendung aufziehen und die Zuchttiere vernachlässigen, um aus der Zucht Kapital zu schlagen, versündigen sich nicht nur an ihren Hunden, sondern auch an der Rasse, die in ihren Händen degeneriert.

Der Deckakt

Junge unerfahrene Hündinnen sollte man mit einem erfahrenen Rüden paaren, da dieser sich nicht von der eventuellen Nervosität und Unsicherheit der jungen Hündin beeindrucken lässt. Ebenso sollte man einem unerfahrenen Rüden eine erfahrene Hündin zum Belegen geben, da diese sich dem Rüden ruhiger und fordernder präsentiert und der Rüde so lernen kann.

Trächtigkeit und Geburt

Nach ca. 63 Tagen Trächtigkeit ist die Geburt zu erwarten. Gesunde lebensfähige Welpen können auch schon nach 56 Tagen oder erst am 70. Tag zur Welt kommen.

Auch langjährige Zuchterfahrung mindert die Aufregung bei uns nicht, wenn wir Zwergschnauzerbabys erwarten. Erst wenn die Kleinen zufrieden schmatzend bei ihrer Mutter liegen und vor allem auch die Mutter sich ihre verdiente Ruhe gönnt, sind auch wir zufrieden und glücklich.

Hoch tragende Hündinnen lässt man nicht alleine nach draußen, denn sonst buddeln sie sich ein Wurflager im Garten, von dem sie sich kaum wegholen lassen.

Wir informieren immer unsere Tierärztin und den Zuchtwart über den bevorstehenden Wurf.

Eine Woche vor dem errechneten Termin wird täglich die Temperatur der Hündin gemessen. Bei Absinken der Körpertemperatur auf unter 37 °C (Normaltemperatur des Hundes ist 38 bis 38,5 °C), ist in den nächsten ein bis zwei Tagen mit der Geburt zu rechnen. Schon einige Tage vor dem Geburtstermin kann die Hündin etwas Ausfluss haben. Der Geburtsweg muss ja geschmiert werden, damit die Geburt reibungslos vonstatten gehen kann. Leichte Vorwehen können einsetzen, was Sie nicht beunruhigen muss. Wird die Hündin unruhig, verweigert ihr Futter, kratzt im Wurflager und zerbeißt die Einlage, so steht die Geburt unmittelbar bevor. (Als Einlage in der Wurfkiste sind alte Leinentücher praktisch, die man in der Kochwäsche gut sauber bekommt.)

Vor der Geburt lege ich mir ein Thermometer, einen Notizblock mit Kugelschreiber, eine Waage, ein Zentimetermaß, eine Uhr, Papiertücher, eine Schere, Klemmscheren, Nähseide und Kalzium bereit.

Leichtes Muskelzittern ist beim Einsetzen der Wehen normal. Die Welpen sind durch eine äußere und eine innere Fruchthülle bestens vor Verletzungen durch allzu heftige Bewegungen der Mutterhündin geschützt. Presswehen bringen die äußere Fruchtblase zum Platzen. In der inneren Fruchthülle befindet sich der Welpe bei der Geburt. Nachdem der Welpe geboren ist, leckt oder beißt die Mutter diese Hülle auf. Damit der Welpe den ersten Atemzug machen kann, leckt die Mutter das kleine Schnäuzchen. Beim Trockenlecken massiert die Hündin die Welpen und regt so wiederum den Kreislauf an. Danach durchtrennt sie die Nabelschnur, indem sie diese mit den Zähnen ab-

Ein Teich muß sicher sein: die Hunde sollten an einer Stelle allein hinausklettern können oder man sichert ihn so ab, dass sie gar nicht hineingelangen können.

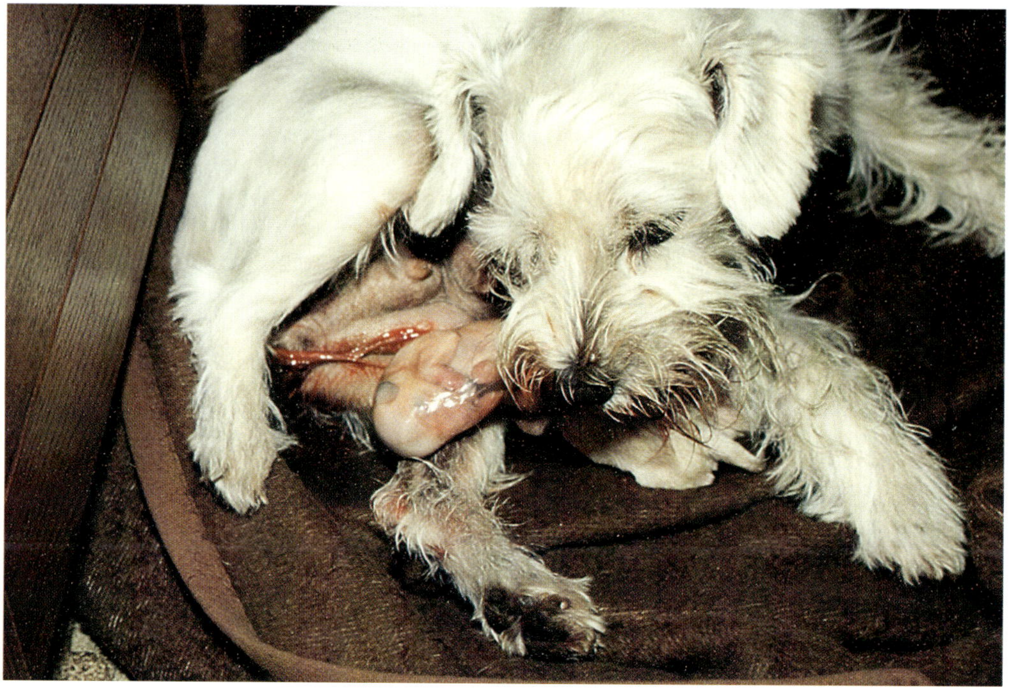

Die Geburt von Hundebabys ist immer wieder ein Erlebnis.

quetscht, und frisst dann die Nachgeburt. Manchmal nabelt die Hündin die Welpen erst ab, nachdem sie die Nachgeburt gefressen hat. Die Welpen können aber bereits bei der Mutter trinken, auch wenn sie noch nicht abgenabelt sind.

Erstgebärende Hündinnen wissen manchmal nicht so recht, was sie nun machen sollen und erwarten mit hilfesuchendem Blick, dass der Züchter die Situation rettet. Zeigt man der Hündin einmal, was zu tun ist, übernimmt sie alle weiteren Welpen selber und ist bei problemloser Geburt auf unsere Hilfe nicht mehr angewiesen. Hundebabys werden normalerweise mit dem Kopf voran und mit dem Bauch zum Bauch der Mutter geboren.

Wir sind während des Werfens im Normalfall nur aufmerksame Beobachter. Erst bei Schwierigkeiten, wie Steißlagen, die sichtlich Probleme bereiten, schreiten wir helfend ein. Bei Steißlagen kann man helfen, indem man die winzigen Hinterbeinchen mit einem Tuch festhält und auf die nächste Presswehe wartet. Vorsicht: Nur während die Hündin presst, darf der Welpe vorsichtig und mit viel Fingerspitzengefühl herausgezogen werden. Bei anderen Komplikationen rufen Sie unbedingt sofort den Tierarzt.

TIPP

Bitte achten Sie darauf, dass pro Welpe eine Nachgeburt erscheint und keine in der Hündin verbleibt. Dann wäre die Hilfe des Tierarztes nötig.

Haben dann alle Welpen das Licht der Welt erblickt, werden sie gewogen, von Kopf bis Rutenansatz gemessen und vom Züchter allgemein begutachtet. Die Hündin bekommt in den nächsten drei Wochen täglich eine Ampulle Kalzium. Damit beugt man der gefürchteten Eklampsie (Geburtskrämpfe) vor.

Zwergschnauzerbabys wiegen normalerweise zwischen 150 und 250g. Das Geburtsgewicht haben die Welpen innerhalb von einer Woche verdoppelt und innerhalb von zwei Wochen verdreifacht.

Die erste Milch der Mutterhündin wirkt wie ein leichtes Abführmittel, wodurch sich das sogenannte Darmpech lösen kann und die Verdauung des kleinen Welpen erst möglich wird. Diese Milch nennt man Kolostral- oder Biestmilch.

Die Welpen benötigen in den ersten Tagen einen äußeren Reiz, um Urin und Kot absetzen zu können. Diesen Reiz übt die Mutterhündin durch das intensive Lecken der Welpenbäuche aus. Für den Züchter ist dieses Wissen wichtig, da er bei der Aufzucht von Welpen ohne Hilfe der Hündin die Zunge der Mutter mit einem feuchten Tuch ersetzen muss.

Einige Tage nach der Geburt werden Hündinnen, bedingt durch die nun einsetzende Hormonumstellung und die enorme Milchproduktion, unruhig. Hier ist der Züchter wieder gefordert, beruhigend und verständnisvoll auf die Hündin einzuwirken.

▸ Die Wurfabnahme

Innerhalb der ersten Lebenswoche werden die Welpen, die Mutterhündin und die anderen beim Züchter lebenden Hunde vom Ortsgruppenzuchtwart begutachtet. Dieser trägt die Daten des Wurfs in den sogenannten Zuchtwartbericht ein, der vom Züchter und Rüdenbesitzer schon nach dem Deckakt zum Teil ausgefüllt wurde. Die Wurfabnahme erfolgt zwischen der vollendeten achten und zehnten Lebenswoche der Welpen. Wieder werden Daten über die Geburt, eventuelle Fehler, das Verhalten der Welpen, der Mutterhündin und der anderen beim Züchter lebenden Hunde protokolliert.

▸ Die Farbvererbung

PFEFFERSALZ ▸ Die Pfeffersalz-Farbe unserer Schnauzer ist einmalig in der Hundewelt. So wurde bis heute der genetische Hintergrund dieser Farbvariante nicht verlässlich geklärt. Übereinstimmung gibt es bei den meisten Genetikern über die Beteiligung der Agouti-Gene (Wildfarben) »at«, die für Zweifarbigkeit verantwortlich sind. Es wird angenommen, dass durch eine regionale Verdünnung des schwarzen Eumelanins in der Pfeffer- und Salzfärbung des Schnauzers die helleren Haarringe zu Grau bzw. Silber aufgehellt werden, was sich hauptsächlich an der Brust und an den Läufen durch die Verteilung der Pigmente als Abzeichen bemerkbar macht.

Je nach Art der Haare, ihrer Tönung und der Ausdehnung der Farbzonen gibt es bei dieser Farbvariante sehr große Variationsmöglichkeiten im Aussehen: Es gibt sehr helle graue Zwergschnauzer mit fast gänzlich verloren gegangener Maske. Aber auch sehr dunkle Zwergschnauzer mit hellen Abzeichen vor allem an Brust und Läufen, die Vorgänger der Schwarzsilbernen, sieht man häufig.

Das Vorhandensein von einem Allel Schwarz-rezessiv, das für die vollständige Ausbreitung der schwarzen Farbe sorgt, ist eine Möglichkeit der Zweifarbigkeitskombination und kann für ganz schwarzen Nachwuchs sorgen. Diese genetische Grundlage ist umstritten; sie könnte auch für schwarze Deutsche Schäferhunde verantwortlich sein. Beim Zwergschnauzer pfeffersalz ist dieses Allel höchst selten sichtbar geworden. Mir ist bis heute nur ein Fall bekannt, wo dieses rezessiv schwarze Gen für einen schwarzen Welpen aus pfeffersalzfarbenen Eltern verantwortlich sein könnte. Die Auswirkungen einiger Gene stehen in Abhängigkeit zu Genen auf anderen Genorten und sind daher schwer nachvollziehbar.

TIPP

Das pfeffersalzfarbige Haar ist schwarz-weiß-schwarz geringelt, daher wird beim Scheren diese Reihenfolge unterbrochen und die Hunde sehen nur noch hellgrau aus, was natürlich unerwünscht ist. Zwergschnauzer pfeffersalz sollten daher unbedingt gezupft werden, damit Haarfarbe und Haarstruktur erhalten bleiben.

Bei der Geburt sind pfeffersalzfarbene Zwergschnauzer noch sehr dunkel, fast schwarz. Sie werden später insgesamt heller. Anzustreben ist eine gleichmäßige Pfeffersalz-Farbe mit dunkler Maske. Im Alter von ca. zehn Wochen kann man schon feststellen, ob die Farbe des Zwergschnauzers gut wird, wenn man am Rücken die dunklen Deckhaare gegen den Haarwuchs streichelt und die Unterwolle grau sichtbar wird.

Es kommt vor, dass überall graue Unterwolle vorhanden ist, nur am Rücken ist die Unterwolle schwarz. Ist diese schwarze Rückenpartie schmal, so spricht man von einem Aalstrich. Eine breitere schwarze Fläche am Rücken nennt man Sattel. Beides ist als fehlerhaft anzusehen.

Als Zuchtziel ist eine mittlere Tönung mit gleichmäßig verteilter, gut pigmentierter Pfefferung, grauer Unterwolle und dunkler Maske anzustreben. Auch die Farbnuancen von dunklem Eisengrau bis zum Silbergrau sind zugelassen.

SCHWARZ ▶ Schwarze Zwergschnauzer tragen das Gen »A« für einfarbig dominant schwarze Farbe oder »B«, wobei das dominante Allel »B« für schwarze Pigmentierung und das rezessive Allel »b« für braune (rote) Pigmentierung verantwortlich ist. In südlichen Ländern sieht man häufig schwarze Zwergschnauzer, deren Haarkleid rot/braun erscheint, was auf eine klimabedingte Farbveränderung hinweisen könnte. Auch durch die Ernährung können Farbveränderungen auftreten.

Lackschwarze Zwergschnauzer mit drahtigen Haaren können geschoren werden, während Schwarze mit brauner Unterwolle gezupft werden sollten und wie Schwarzsilberne ständig die braune Unterwolle nachgetrimmt bekommen sollten.

Gerade beim schwarzen Zwergschnauzer haben wir extreme Unterschiede im Haarkleid. Häufig fehlt dem schwarzen Zwergschnauzer die Unterwolle. Bei übermäßigem Wachstum derselben bestehen die Hunde fast nur aus Unterwolle, was ich für genauso bedenklich halte wie Zwergschnauzer ohne Unterwolle, da durch das Fehlen der Grannenhaare diese Hunde bis auf die Haut nass werden können, sehr schlecht trocken werden und dadurch anfällig für Krankheiten sind. Genau das wollen wir als Züchter vermeiden, zumal Zwergschnauzer, wie ihre größeren Verwandten, als gesunde Rasse gelten. Hier sind die Züchter gefordert, durch vernünftige Auswahl der Zuchtpartner das Gleichgewicht des gesunden Haarkleides – harte Grannenhaare mit ausreichender Unterwolle – wieder herzustellen.

Natürlich besticht ein Zwergschnauzer, dessen Haarkleid hauptsächlich aus Unterwolle besteht, wenn er fachmännisch gestylt ist. Aber man darf nicht vergessen, dass hierbei nicht der tatsächliche Zwergschnauzerkörper sichtbar gemacht wurde, sondern ein »Wunschkörper« frisiert wurde. Anfänger sind dann oft enttäuscht, wenn sie ihren tollen, normalerweise pflegeleichten Zwergschnauzer ständig zum Trimmen bringen müssen und er vielleicht nicht immer so aussieht, wie man es auf Ausstellungen gesehen und sich vorgestellt hat.

»Schaut mir nicht so zu, ich suche den richtigen Löseplatz.«

SCHWARZSILBER ▶ Im Ausland wurde dieser interessante Farbschlag schon sehr früh gefördert; vor allem Kanada, die USA und die Schweiz sind hier zu nennen. Die ersten dieser »fehlfarbenen« Zwergschnauzer fielen in Deutschland aus bestimmten pfeffersalzfarbigen Eltern und wurden vom Züchter günstig als reine »Familienhunde« abgegeben.

Diese sehr attraktive Farbe erfreute sich – nach Akzeptanz durch den Pinscher-Schnauzer-Klub und der Anerkennung als eigene Varietät durch die FCI – bei den Züchtern sehr schnell höchster Beliebtheit. Die Farbe entwickelte sich aus einigen Linien der pfeffersalzfarbenen Zwergschnauzer. Zu Beginn ergrauten diese Schwarzsilbernen nach ca. einem Jahr. Heute haben wir diese Farbe dank einer breiten Zuchtbasis und der gewissenhaften Auswahl der Zuchtpartner hervorragend durchzüchten können, was vor allem gewissenhaften Züchtern zu verdanken ist.

Im zweifarbigen Haarkleid des Hundes besteht jedes Haar aus einer Verbindung zweier Farben. In unserem Fall aus schwarz und verdünntem Pigment, also silber (auch Platin-sandfarben oder Silbrig-sandfarben genannt). Die Unterscheidung dieser beiden Varianten ist schwierig und entsteht durch starke Ausdünnung des Phäomelanins. Häufig sieht man, wie beim schwarzen Zwergschnauzer, braune Unterwolle, die mit dem Trimm-Messer entfernt werden muss. Das kann man bei der täglichen Haarpflege feststellen und dann Abhilfe schaffen.

WEISS ▶ Melanin, die chemische Grundlage des Pigmentes, entsteht durch Oxydation der Aminosäure Tyrosin, wobei das Enzym Tyrosinase eine wichtige Rolle spielt. Fehlt einer der Reaktionspartner (die Aminosäure Tyrosin oder das Enzym Tyrosinase), kann kein Melanin gebildet werden und der Hund hat keine Färbung, er ist farblos, wobei das Haar keinerlei »weiße Pigmente« haben kann, sondern nur unseren Augen weiß erscheint. Auch die weißen Zwergschnauzer sind robuste, gesunde Hunde, die eine hohe Lebenserwartung haben.

So wie aus einigen Pfeffersalz-Linien schwarzsilberne Zwergschnauzer fielen, fielen aus schwarzen Zwergschnauzereltern ab und zu weiße Welpen. Diese durften zu Beginn nicht leben, da die Züchter Angst vor Albinismus und so einem schlechten Ruf des Zwingers hatten. Dabei trägt der weiße Zwergschnauzer lediglich einen »Farbverhinderungsfaktor«. Durch dieses einfach dominant wirkende Gen kann sich im Haar kein Pigment einlagern. Nasenschwamm, Augen, Lidränder, Lefzen, Krallen und Ballen sind pigmentiert und mittlerweile, durch gewissenhafte Zucht, häufig sogar schwarz. Zu Beginn der Zucht gab es einige Weiße, die von schwarzen Eltern abstammten, deren Haar gelb war. Heute haben wir kaum noch Probleme mit der Farbe dieser kontrastreichen Varietät.

Übrigens kann sich die Haut der Weißen je nach Jahreszeit verändern: im Sommer ist die Haut dunkler und wird in der kalten Jahreszeit wieder heller.

Service

Service

▸ **AHNENVERLUST** Merkmale der Elterntiere sind bei den Nachkommen nicht mehr vorhanden. Sie sind nach der mendelschen Vererbungslehre »ausgemendelt«.

▸ **ALBINO** Ein Lebewesen, das keinen Farbstoff bilden kann und daher rote Augen, rosa Nasenspiegel und Lefzen, helle, lichtempfindliche Haut und durchsichtige Krallen hat.

▸ **ALLELE** Zwei Gene, die an der gleichen Stelle des Chromosoms vorhanden sind und für je ein Merkmal, wie Haarfarbe, zuständig sind (z.B. ein Allel für schwarzes und eines für braunes Haar).

▸ **ANATOMIE** Die Lehre von Form und Körperbau der Lebewesen.

▸ **BIESTMILCH** Die erste Muttermilch direkt nach der Geburt, die das sogenannte Darmpech abbaut. Auch Kolostralmilch genannt.

▸ **BLUTLINIE** Der Ausdruck entstand aus der fälschlichen Annahme, dass das Blut Träger der Erbanlagen sei und meint die Ahnenreihe einer Rasse, die aus der Ahnentafel ersichtlich ist.

▸ **CANINUS** Fangzahn. Wird häufig fälschlicherweise als Reißzahn bezeichnet.

▸ **CHROMOSOM** In jedem Zellkern vorhandenes, das Erbgut tragendes fadenförmiges Gebilde. Der Hund hat 78 Chromosomen (39 Paare). Da Ei und Samenzelle durch Reduktionsteilung nur je einen einfachen Chromosomensatz mit 39 Chromosomen haben, entsteht bei der Befruchtung wieder ein kompletter Chromosomensatz mit 78 Chromosomen.

▸ **DARMPECH** Darminhalt des Welpen, der nach der Geburt mit Hilfe eines Inhaltsstoffes der ersten Muttermilch (Biestmich oder Kolostralmilch) ausgeschieden wird.

▸ **DECKEN** Das Belegen einer Hündin durch den Rüden.

▸ **ERBMASSE** Gesamtheit der Erbeinheiten (Gene).

▸ **FCI** Fédération Cynologique Internationale. Internationale Weltorganisation der Kynologie.

▸ **GEN** Träger der Erbanlagen.

▸ **GENOTYP** Das nicht sichtbare Erbbild, die Gesamtheit der Erbanlagen.

▸ **INCISIVI** Schneidezähne.

▸ **INSTINKT** Angeborene triebhafte Handlungsweise.

▸ **INZUCHT** Paarung naher Verwandter. Durch Inzucht entstehen keine neuen Fehler, sondern es werden Fehler, die im Erbgut liegen, aufgedeckt, also sichtbar.

- **KASTRATION** Entfernung der Hoden beim Rüden bzw. der Gebärmutter bei der Hündin.
- **KOLOSTRALMILCH** siehe Biestmilch.
- **KRUPPE** Kreuzbein, Sitzbeinhöcker und Hüfthöcker.
- **KYNOLOGIE** Die Lehre bzw. Wissenschaft vom Hund (Zucht, Krankheiten, Rassen, Ausbildung usw.).
- **LÖSEN** Das Kotabsetzen des Hundes. Der Hund kann sich durch ausreichende Bewegung besser lösen.
- **MILCHTRITT** Eine Instinkthandlung der Welpen, die mit den Pfoten das Gesäuge der Mutterhündin bearbeiten, damit der Milchfluss angeregt wird.
- **MOLAREN** Hintere Backenzähne.
- **PHÄNOTYP** Erscheinungsbild; die nach außen hin sichtbare Manifestation des Genotypes.
- **POPULATION** Gesamtheit der Hunde einer Rasse.
- **PRÄGUNG** Ein Lernvorgang, der nur in einer bestimmten Zeit (Prägungsphase) stattfindet und nicht nachholbar ist. Das durch Prägung Erlernte wird nie wieder vergessen.
- **PRÄMOLAREN** Vordere Backenzähne.
- **RASSE** Besteht aus gleichartigen Lebewesen; ihre gemeinsamen typischen Merkmale unterscheiden sie von anderen Rassen.
- **RASSESTANDARD** Eine Beschreibung aller typischen Merkmale einer Rasse. Maßgebende Vorlage für Zucht und Ausstellung.
- **REINZUCHT** Paarung von Hunden, deren Rassemerkmale und Eigenschaften identisch sind.
- **REISSZÄHNE** Vierter Prämolar des Oberkiefers und erster Molar des Unterkiefers.
- **RESISTENZ** Widerstandsfähigkeit.
- **REZESSIV** Erbanlagen, die überdeckt werden können (Gegenteil: dominant). Rezessive Erbgänge sind für die Zucht gefährlich, da Merkmale nur sichtbar werden, wenn beide Eltern das gleiche rezessive Gen tragen.
- **RÜCKBISS** Hierbei ist der Unterkiefer zu kurz und unterbeißt den Oberkiefer. Diese Gebissform ist beim Zwergschnauzer unerwünscht.
- **SELEKTION** Auslese, Zuchtwahl.
- **SCHERENGEBISS** Die Schneidezähne des Oberkiefers greifen über die des Unterkiefers. Gewünschte Gebissform beim Zwergschnauzer.

- **VARIETÄT** Die individuelle Abweichung von Merkmalen innerhalb einer Rasse, wie Farb- oder Größenunterschiede (z.B. Zwergschnauzer/Riesenschnauzer).
- **VDH** Verband für das Deutsche Hundewesen e.V. Nationaler kynologischer Dachverband; Mitglied der FCI.
- **VERERBUNG** Die Weitergabe von Erbinformationen.
- **VORBISS** Die Schneidezähne des Unterkiefers beißen vor die des Oberkiefers. Unerwünschte Gebissform des Zwergschnauzers.
- **WERFEN** Die Geburt von Hunden.
- **WIDERRIST** Erhöhter Teil des Rückens im Bereich der Schulter. Die Größe des Hundes wird am Widerrist gemessen.
- **WURF** Die Welpen einer Geburt.
- **ZANGENGEBISS** Die Schneidezähne beißen genau aufeinander, wie bei einer Zange. Bei Zwergschnauzern unerwünschte Gebissform.

Zum Weiterlesen

Aldington, Eric H.: Von der Seele des Hundes. Gollwitzer, Weiden 1999.

Beck, Peter: Das Beste für meinen Hund. Kosmos, Stuttgart 2000.

Becvar, Dr. Wolfgang: Naturheilkunde für Hunde. Kosmos, Stuttgart 1994.

Durst-Benning, Petra und Carola Kusch: Der große Spiele-Spaß für Hunde. Kosmos, Stuttgart 1997.

Durst-Benning, Petra: Kräuterapotheke für Hunde. Kosmos, Stuttgart 1998.

Feddersen, Dr. Dorit: Hundepsychologie. Wesen und Sozialverhalten. Kosmos, Stuttgart 1989.

Feltmann-von Schroeder, Gudrun: Welpentraining mit Gudrun Feltmann. Kosmos, Stuttgart 2000.

Harries, Brigitte: Ein Welpe kommt ins Haus. Kosmos, Stuttgart 1995.

Harries, Brigitte: Hundesprache verstehen. Kosmos, Stuttgart 1998.

Hertrich, Hans-Günter: Hundespaß Agility. Kosmos, Stuttgart 1998.

Hoefs, Nicole und Petra Führmann: Das Kosmos-Erziehungsprogramm für Hunde. Kosmos, Stuttgart 1999.

Jones, Renate: Welpenschule leichtgemacht. Kosmos, Stuttgart 1997.

Kejcz, Yvonne: Unser Hund wird alt. Kosmos, Stuttgart 1994.

Lausberg, Frank: Erste Hilfe für den Hund. Kosmos, Stuttgart 1999.

Pietralla, Martin: Clicker-Training für Hunde. Kosmos, Stuttgart 2000.

Pinscher-Schnauzer-Klub 1895 e.V.: Chronik, Mitteilungen, Zuchtbücher.

Pryor, Karen: Positiv bestärken, sanft erziehen. Kosmos, Stuttgart 1999.

Räber, Dr. Hans: Brevier neuzeitlicher Hundezucht. Haupt, Bern 1995.

Räber, Hans: Das Schnauzer-Pinscher-Porträt. Kynos, Mürlenbach 1987.

Rakow, Dr. Barbara: Der homöopathische Hundedoktor. Kosmos, Stuttgart 1999.

Rustige, Dr. Barbara: Hundekrankheiten. Kosmos, Stuttgart 1999.

Sonnenschmidt, Rosina: Heilende Hände für Tiere. Kosmos, Stuttgart 1999.

Stein, Petra: Bach-Blüten für Hunde. Kosmos, Stuttgart 1997.

Strebel, Richard: Die deutschen Hunde. Reprint. Kynos, Mürlenbach 1986.

Tammer, Isabell: Hundeernährung. Kosmos, Stuttgart 2000.

Tellington-Jones, Linda: Tellington-Training für Hunde. Das Praxisbuch zu TTouch und TTeam. Kosmos, Stuttgart 1999.

Trumler, Eberhard: Ein Hund wird geboren. Kynos, Mürlenbach 1992.

Willis, Malcolm B.: Genetik der Hundezucht. Kynos, Mürlenbach 1993.

Winkler, Sabine: Hundeerziehung. Kosmos, Stuttgart 2000.

Zidonis, Nancy A. und Marie K. Soderberg: Akupressur für Hunde. Kosmos, Stuttgart 1999.

Zimen, Erik: Der Hund. Goldmann, München 1998.

Adressen

Pinscher-Schnauzer Klub e.V. (PSK)
Barmer Str. 80
D – 42899 Remscheid
Tel.: 0 21 91 – 5 40 42
http://www.psk-pinscher-schnauzer.de
E-mail: info@psk-pinscher-schnauzer.de

Verband für das Deutsche Hundewesen e.V. (VDH)
Westfalendamm 174
D – 44141 Dortmund
Tel.: 02 31 – 56 50 00
Fax: 02 31 – 56 24 40
http://www.vdh.de
E-mail: info@vdh.de

Deutscher Hundesportverband e.V. (dhv)
Gustav-Sybrecht-Str. 42

D – 44536 Lünen
Tel.: 02 31 – 8 79 49
Fax: 02 31 – 8 77 08 13

Erster Österreichischer
Schnauzer-Pinscher-Klub
Christine Wiedorn
Laubgasse 3
A – 3003 Gablitz
Tel.: 0 22 31 – 6 19 29

Schweizerische Kynologische Gesellschaft (SKG)
Postfach 82 17
CH – 3001 Bern
Tel.: 0 31 – 3 01 58 19
Fax: 0 31 – 3 02 02 15
http://www.hundeweb.org

Fédération Cynologique
Internationale (FCI)
13, Place Albert I
B – 6530 Thuin
Tel.: 0 71 – 59 12 38
Fax: 0 71 – 59 22 29

▸ Register

KOSMOS

Erlebnis Tiere

Positive Verstärkung

Positive Verstärkung ist das Zauberwort für Erziehung und Training ohne Zwang, Gewalt und Strafe. Dieses Verhaltenstraining lässt sich nahezu auf jede Alltagssituation anwenden – und funktioniert auf verblüffende Weise auch bei Pferden hervorragend. Als Clickertraining ist die positive Verstärkung in der Hundeerziehung bekannt geworden.

Karen Pryor
Positiv bestärken – sanft erziehen

208 Seiten, geb.
ISBN 3-440-07695-4

Präzises Lob in jeder Situation: der Clicker macht es möglich! Der Hund wird so trainiert, dass er diesen Ton mit einer darauffolgenden Belohnung verknüpft. Der Vorteil: auch auf Distanz kann der Hund zum richtigen Zeitpunkt gelobt werden. Mit dem Clickertraining lernen Hunde motiviert und kreativ.

Martin Pietralla
ClickerTraining für Hunde

128 Seiten,
200 Farbfotos, kart.
ISBN 3-440-08012-9

Package: Buch und Clicker

BÜCHER/VIDEOS
CDs/KALENDER
Natur
Garten & Zimmerpflanzen
Astronomie
Heimtiere
Pferde & Reiten
Angel & Jagd
Kinder- und Jugendbücher
Eisenbahn & Nutzfahrzeuge
Spiele
Experimentierkästen

www.kosmos.de

InfoLine

MARGRIT ROLOFF

züchtet seit 20 Jahren Schnauzer verschiedener Größen und hat sich im Laufe der Zeit auf Zwergschnauzer spezialisiert.

Im Pinscher-Schnauzer-Klub ist Margrit Roloff im Hauptvorstand für Jugendfragen zuständig, sie ist stellvertretende Richterobfrau, Zuchtrichterin und in der Landesgruppe Westfalen Hauptzuchtwartin und als Jugendobfrau mit der Jugendarbeit betraut.

Sie können sich mit Ihren Fragen und Problemen an Margrit Roloff wenden. Schreiben Sie an die »Hunde-InfoLine« (bitte mit Rückporto):

Kosmos-Verlag
»Hunde-InfoLine«
Postfach 10 60 11
D-70049 Stuttgart